RICK BUNDSCHUH / E.G. VON TRUTZSCHLER

RICK BUNDSCHUH / E.G. VON TRUTZSCHLER

La misión de Editorial Vida es ser la compañía líder en satisfacer las necesidades de las personas con recursos cuyo contenido glorifique al Señor Jesucristo y promueva principios bíblicos.

CUESTIONARIOS INCREÍBLES PARA EL MINISTERIO JUVENIL
Edición en español publicada por
Editorial Vida – 2008
Miami, Florida

Originally published in the USA under the title:
Incredible Questionnaires for Youth Ministry
Copyright © 1995 por Youth Specialties
Published by permission of Zondervan, Grand Rapids, Michigan 49530, U.S.A.

Traducción: *Gloria Vázquez*
Edición: *Marta Díaz*

ISBN – 978-0-8297-5163-5

CATEGORÍA: Ministerio cristiano / Juventud

IMPRESO EN ESTADOS UNIDOS DE AMÉRICA
PRINTED IN THE UNITED STATES OF AMERICA

12 13 14 15 ❖ 6 5 4 3 2 1

CONTENIDO

Cuestionarios para programar ideas

Cuestionarios solo para diversión

PRESENTANDO CUESTIONARIOS INCREÍBLES

A los jóvenes les gusta hablar de sí mismos. «*Cuestionarios increíbles*» es un instrumento que ayuda a los jóvenes a hacer precisamente eso, mientras se obtiene un conocimiento invaluable y se divierten en el proceso. Obtendrás un cofre lleno de tesoros de información sobre tus estudiantes, así como oportunidades para discusiones, enseñanza y consejería.

Aquí hay cincuenta cuestionarios con sus instrucciones claras para ayudar al líder a detectar el mayor valor de cada uno.

Los cuestionarios tratan sobre asuntos relevantes para los jóvenes con los que trabajas y a los que amas. Algunos son más apropiados para adolescentes, otros para jóvenes mayores; algunos se usan mejor con jóvenes que tienen muy poco trasfondo cristiano y otros son perfectos para jóvenes que han estado en la iglesia tanto tiempo que piensan que lo saben todo. Algunos pueden ser usados para ayudar a los jóvenes a que evalúen sus propias actitudes, ideas o acciones; otros te pueden dar un perfil de tu grupo y así estar mejor equipado para entenderlos y servirlos. Algunos son interrogatorios; otros pueden ser utilizados durante una temporada especial o simplemente para diversión y juegos.

Las guías del líder te dan la información, recomendaciones y pasos que necesitarás para asegurar una experiencia ganadora cada vez.

Los cuestionarios y las guías del líder son tu llave para abrir los pensamientos más profundos y personales de tus estudiantes. ¡Increíble!

CÓMO USAR CUESTIONARIOS INCREÍBLES

¿Cómo pasas de tu primer vistazo de un cuestionario a una experiencia exitosa?

He aquí algunas recomendaciones:

❶ Para escoger qué cuestionarios son mejores para tu situación, hazte preguntas como estas: ¿Es un tema candente entre mis estudiantes? ¿Las respuestas de los estudiantes me proveerán de información que yo pueda usar? ¿Existe un cuestionario que amplifique un estudio bíblico en particular que tengo pensado?

❷ Una vez que hayas escogido el cuestionario, chequea la información de la guía del líder en la parte de atrás para ver las instrucciones. La información te dará una comprensión importante de las preguntas que se les harán a tus estudiantes. Toma el tiempo que se necesite para entender el significado de las preguntas y las posibles respuestas. También encontrarás recomendaciones importantes para la clase.

❸ Coloca tu cuestionario sobre la fotocopiadora y haz tantas copias como sean necesarias.

❹ Cuando utilices un cuestionario, provee un lugar con suficiente espacio y con sitios cómodos para escribir y plumas o lápices.

❺ Presenta el cuestionario a tus jóvenes. Esto te da la oportunidad de crear una atmósfera no amenazante (esto no es una prueba, no se va a calificar, nadie sabrá quién eres y cosas así).

❻ Haz que tus estudiantes trabajen en privado en estos cuestionarios. Mantén un ojo agudo para asegurar que la privacidad de cada uno sea respetada.

❼ Cuando los cuestionarios sean completados, recoge los papeles y los lápices y léelos tan pronto como sea posible. Evalúa los resultados y después responde como se requiera.

Pistas para el éxito

• Utiliza estos cuestionarios como un «sazonador» en tu programa. El desatar una lluvia de cuestionarios seguidos disminuirá los beneficios.

• Utiliza estos cuestionarios para descubrir en qué les hace falta entendimiento a tus estudiantes con respecto a su fe. Después presenta estudios bíblicos y lecciones que puedan llenar esos vacíos con la sabiduría de Dios.

• Utiliza estos cuestionarios para comenzar una reunión o para iniciar una discusión.

• Utiliza estos cuestionarios para obtener una lectura honesta de la temperatura de tu grupo. No te sorprendas si algunos jóvenes payasean o te dan información escandalosa en sus cuestionarios.

• Lo más importante: *haz algo* con la información que has obtenido. Si tu grupo te dice que no les gustó la comida del campamento, cámbiala. Si encuentras una espeluznante falta de sabiduría, educación o percepción en tus estudiantes, ¡cámbiala!

¡ESO ES ENTRETENIMIENTO!

1. ¿Qué tan seguido vas al cine? (Marca una)
__ Dos o más veces por semana
__ Una o dos veces por semana
__ Una vez cada dos semanas
__ Una vez al mes
__ Una vez cada dos meses
__ Una o dos veces al año
__ Nunca

2. ¿Qué tan seguido alquilas o ves películas? (Marca una)
__ Dos o más veces por semana
__ Una o dos veces por semana
__ Una o dos veces al mes
__ Una vez al mes
__ Una o dos veces al año
__ Nunca

3. ¿Ves películas o videos con clasificación R (A (adulto))? (Marca una)
__ Sí __ No __ Depende del contenido

4. ¿Ves películas o videos con clasificación X?
__ Sí __ No

5. Si tienes televisión por cable o antena de satélite, ¿está tu familia inscrita a HBO, Showtime o algún otro canal «pago por evento»?
__ Sí __ No

6. ¿Qué canal ves más que otros?
(CNN, ESPN, MTV, PBS, CBS, etc.)

7. ¿Está la tele encendida la mayor parte del tiempo en tu casa?
__ Sí __ No

8. ¿Tienes tu propia tele?
__ Sí __ No

9. ¿Ves ciertos programas de televisión regularmente?
__ Sí __ No

Si la respuesta fue «Sí», ¿cuál (es)?

10. ¿Grabas programas que deseas ver después?
__ Seguido __ A veces __ Nunca

11. ¿Cuántas horas pasas viendo la televisión cada semana? (Circula uno)

0-1 / 2-4 / 5-9 / 10-15 / 16-20 / 21-25
26-30

Más de 30

12. ¿Se ven en tu casa programas o videos que contengan groserías?
__ Sí __ No

13. En tu opinión, ¿cuáles son los tres mejores programas de televisión? ¿Cuáles son los tres peores?

Mejores	Peores
1. _______	1. _____
2. _______	2. _____
3. _______	3. _____

14. ¿Cuáles son las tres películas más populares para ti y tus amigos en este momento?

1.
2.
3.

15. ¿Cuáles son los tres actores y actrices favoritos para ti y tus amigos en este momento?

Actrices	Actores
1. ______	1. _____
2. ______	2. _____
3. ______	3. _____

CÓMO USAR
¡Eso es entretenimiento!

Este cuestionario te ayuda a ver las influencias que tus estudiantes están permitiendo en sus vidas. Puedes ver cuánto tiempo tus estudiantes pasan siendo entretenidos (o posiblemente envenenados) por películas y televisión. Puedes tener una idea de qué películas o estrellas de cine están influenciando a tus jóvenes y qué es lo que están viendo en la televisión. Del mismo modo, si hay alguna película o programa en la televisión que es el escándalo entre tus jóvenes, este cuestionario lo traerá a la superficie. Podría ser una buena idea ver esa película o programa tú mismo para que sepas lo que les está diciendo a tus estudiantes.

Un sinnúmero de estudios bíblicos o lecciones pueden resultar de esta información. Contrasta los valores presentados por una película o video en particular con aquellos que enseñó nuestro Señor. Habla de cómo los estudiantes pueden llegar a tener discernimiento y pueden ser capaces de separar lo bueno de la basura. Repasa la importancia de sacar lo mejor del tiempo.

Sugerencias de actividades para el salón

Para comenzar una discusión, muestra una parte o la totalidad de una película popular. Mejor aun, arma un video con cortos de muchos programas. Uno o dos de tus jóvenes pueden hacer esto antes.

Pensando en las preguntas

Las preguntas cubren tres cuestiones importantes. Cubren la cuestión de propiedad («basura dentro, basura fuera»): preguntas 3, 4 y 2. La cuestión del tiempo se trata en las preguntas 1, 2, 7 y 9-11. Las preguntas desde la 13 hasta la 15 te ayudarán a averiguar los gustos y valores de tus estudiantes.

ROCAS EN MI CABEZA

1. ¿Qué tipo de música te gusta escuchar más? (Circula todas las que apliquen)

Viejitas
Country
Reggae
Clásicas
Rock moderno
Rock alternativo
Jazz
Las de moda
Techno
Rave
Folklórica
Reagetton
Blues
Hip Hop
Música de elevador
Punk
Música «Gospel»
Metal
Rap
Ópera

2. ¿Cómo obtienes la mayoría de tu música? (Marca una)

__ Con mi propio dinero
__ Regalos de otros
__ La grabo de la colección de otros

3. ¿Cuántas horas al día escuchas música? (Circula una)

1 2-3 4-7 Más de 7

4. ¿Cuáles son tus cinco grupos o músicos favoritos?

1.
2.
3.
4.
5.

5. ¿Qué tan seguido vas a conciertos? (Circula uno)

Nunca Muy pocas veces A veces Seguido

6. ¿Podrías pasar dos semanas sin escuchar nada de música? (Circula una)

Claro que sí / Probablemente
Probablemente no

7. ¿Cuánto dinero crees que gastas al mes en música? (Circula uno)

$15 / $20 / $30 / $40 / Más de $40

8. ¿Tienes desacuerdos con tus papás sobre el tipo de música que escuchas?

__ Sí __ No __ A veces

9. ¿Crees que algún tipo de música no debería tocarse en la radio?

__ Sí __ No
¿Por qué sí o por qué no?

10. ¿Existe algún tipo de música o grupos musicales que pienses que un cristiano no debería escuchar?

__ Sí __ No
Si la respuesta fue «Sí», ¿qué tipo de música o grupos musicales?

11. ¿Qué porcentaje de la música que escuchas es cristiana? (Circula el porcentaje correcto)

0 / 5 / 10 / 20 / 30 / 40 / 50 / 60 / 70 / 80
90 / 100

12. ¿Piensas que la música que sale de la comunidad cristiana usualmente compite favorablemente con la música secular?

__ Sí __ No __ No sé

13. ¿Tienes CDS que a tus padres o pastor no les gusta que escuches?

__Sí __ No

14. ¿Tienes música que utilice groserías, temas sucios o contenido sexual explícito?

__ Sí __ No

15. ¿Crees que la música afecta al estado de ánimo de una persona?

__ Sí __ No

16. ¿Crees que la música puede afectar la conducta o el estilo de vida de una persona?

__ Sí __ No

Rocas en mi cabeza

Este cuestionario está diseñado para ayudarte a descubrir lo que tus estudiantes están escuchando, lo que piensan y sienten sobre la música, y cuánto tiempo y dinero están invirtiendo en ella.

Los gustos musicales pueden variar ampliamente con la edad y la madurez. Un estudiante de secundaria usualmente tendrá respuestas significativamente diferentes a las de un estudiante de preparatoria.

Se debe tener cuidado de no tomar las respuestas que den los estudiantes y utilizarlas como una excusa para condenarlos con regaños en contra de la música y con: «He aquí, dice el Señor que no...». Más bien utiliza las respuestas y el dilema que presentan para permitirle a tus jóvenes que luchen con las cuestiones y lleguen a conclusiones y soluciones ellos mismos.

Los estudios bíblicos que se edifiquen sobre este cuestionario pueden incluir un vistazo a la música en la Biblia, la adoración y la comparación de los valores de Dios y los del mundo.

Sugerencias de actividades para el salón

Muestra un video musical popular o que se escuche la grabación mientras muestras la letra. Discusiones interesantes pueden construirse sobre estas letras.

Pensando en las preguntas

Las preguntas 1-7 tratan primordialmente sobre el gusto musical y la cantidad de tiempo y energía que una persona le dedica a la música. Utiliza esta información para tu ventaja. Por ejemplo, si ir a conciertos es algo grande para tus jóvenes (pregunta 6), anima a algunos estudiantes a formar un grupo musical u organiza una salida de grupo a un concierto cristiano este año.

Las preguntas 8-14 tratan sobre las influencias positivas y negativas de la música. Aprenderás cuánto de cada cosa tienden a escuchar tus estudiantes.

Las preguntas 15 y 16 pueden guiarte hacia una controversia interesante y a una discusión de cómo las influencias externas moldean nuestras actitudes y acciones personales y las de nuestra sociedad.

ROPA

Edad ___ Hombre ___ Mujer ___ Grado ___ Escuela ____________

1. ¿Qué tipo de ropa es popular entre los hombres de tu escuela en este momento?

2. ¿Qué tipo de ropa es popular entre las mujeres de tu escuela en este momento?

3. ¿Existe algún tipo de ropa que no sea permitida en tu escuela?
__ Sí __ No
Si la respuesta es «Sí», ¿cuál sería?

4. ¿Estás de acuerdo con la prohibición de cierto estilo de ropa en la escuela?
__ Sí __ No
¿Por qué sí o por qué no?

5. ¿Crees que la gente juzga a otros por la ropa que usan?
__ Sí __ No

6. ¿Qué tan importante es para ti la ropa que usas? (Circula uno)
Extremadamente importante / Muy importante / Algo importante / Más o menos importante / No tiene ninguna importancia

7. ¿Te vistes para hacer una «declaración» o para identificarte con algún grupo o algún estilo de vida en particular?
___ Sí ___ No
Si la respuesta es «sí», ¿cuál sería?

8. ¿Qué tipo de «look» crees que ya no está de moda? ¿Por qué?

9. ¿Cuáles son algunas de las nuevas tendencias en la moda que tú ves que están surgiendo?

10. ¿Le dirías a un amigo tu honesta opinión si él o ella usara algo que pensaras que es feo o fuera de moda?
___ Sí ___ No

11. ¿Crees que la gente se debe vestir bien para ir a la iglesia?
___ Sí __ No
¿Por qué o por qué no?

12. ¿Cuánto gastas en ropa cada mes? (Circula uno)
$10 o menos / $20 / $50 / $75 / $100 o más

13. ¿Crees que la modestia es algo que debe ser considerado al seleccionar la ropa?
___ Sí ___ No
¿Cómo definirías la modestia?

13. ¿Le dirías algo a un amigo (a) si crees que su ropa no es modesta?
___ Sí ___ No

14. ¿Existe algún tipo de ropa que tus padres te prohíben usar?
___ Sí ___ No
Si la respuesta es «sí», ¿cuál sería?

15. ¿Tienes discusiones frecuentes en casa por la ropa?
___ Sí ___ No

16. ¿Crees que los padres se deben meter con la ropa que usan sus hijos?
___ Sí ___ No
¿Por qué sí o por qué no?

Ropa

La ropa juega un papel muy importante en la vida de la mayoría de los adolescentes. La ropa define con qué «tribu» se identifican los estudiantes, y con frecuencia se percibe el nivel de condición o una declaración personal que va entretejida en la tela.

Este cuestionario puede ser utilizado para un gran número de propósitos. Puedes adquirir información interesante sobre las actitudes de tu grupo con respecto a la ropa y al estilo. Puedes ver qué tanto están metidos en la moda y en el estilo los jóvenes y las señoritas de tu grupo. Puedes obtener información sobre las tendencias inminentes de la moda que pueden ser utilizadas en una variedad de formas. Por ejemplo, si las camisas viejas de trabajo de pronto se convierten en el último grito de la moda, búscalas en las tiendas de segunda mano y obtén todas las que puedas e imprime sobre ellas el logotipo de tu grupo de jóvenes o utilízalas como camisas para el campamento.

Sugerencias de actividades para el salón

Si deseas realizar una actividad en el salón, forma pequeños grupos y que hagan y actúen obras de teatro basadas en los temas de la lista que se presenta a continuación en «Pensando en las preguntas».

Pensando en las preguntas

Este cuestionario puede estimular una discusión o guiar a un estudio bíblico basado en varios temas como:

- La autoridad y nuestra ropa (preguntas 3 y 4)
- ¿Qué estamos tratando de decir por la forma en la que nos vestimos? (Pregunta 7)
- Modestia: ¿Qué es? ¿Cambia? ¿Cuándo hemos rebasado los límites? (Preguntas 13 y 14)
- Los padres y la ropa (preguntas 5-7)

MI HÉROE

Los grandes héroes (pasados o presentes)

1. POLÍTICA. ¿Tienes algún líder político al que admires? Si es así, ¿quién es?

2. DEPORTES. Los deportes han sido parte de nuestra historia desde que comenzó la nación. ¿Tienes algún héroe del deporte? ¿Cuáles es su nombre?

3. MILITAR. ¿Tienes algún héroe que fue descubierto durante la guerra? ¿Quién es?

4. CINE. ¿Tienes una estrella de cine a la que admires? Si es así, ¿quién es?

5. ESTRELLA DE MÚSICA. Los músicos han sido adorados por años. ¿Tienes algún héroe musical? Si es así, ¿quién es?

6. ENTRETENIMIENTO. Los artistas vienen de todas formas y tamaños: magos, mimos, actores, bailarines, comediantes. ¿Tienes algún artista al que admires? Si es así, ¿quién es?

7. FAMA. Una persona famosa puede llegar de cualquier parte. ¿Tienes a alguien cuya fama haya capturado tu admiración? Si es así, ¿quién es?

8. ACADÉMICO. Existen muchos intelectuales callados, así como científicos que inspiran respeto y admiración. Si tienes a un héroe de la comunidad académica, ¿cuál es su nombre?

9. ESCRITOR / POETA. Los escritores o poetas pueden inspirar a un gran número de seguidores. ¿Algún escritor o poeta es tu héroe? Si es así, ¿quién es?

10. ARTISTA. Si admiras a algún gran pintor (a), escultor (a) o inclusive algún artista de dibujos animados, ¿cuál es su nombre?

Héroes cercanos y personales

11. En tu mundo —casa, escuela, iglesia, trabajo—, ¿existe alguien al que realmente respetes y que haya influenciado tu vida? Si es así, ¿cómo se llama esa persona?

CÓMO USAR Mi héroe

Los héroes juegan un papel importante en moldear la vida de los jóvenes. Los héroes influencian el perfil y la personalidad de tu grupo (harás bien en averiguar quiénes son esos héroes).

Mi héroe te ayudará a hacer exactamente eso. En primer lugar, revela a las personas que tus estudiantes admiran y posiblemente sigan. En segundo lugar, provee una apertura natural para un estudio bíblico, una lección o una serie de pláticas sobre héroes. Este cuestionario ofrece una presentación de los héroes bíblicos, héroes históricos como cristianos que han impactado al mundo para Cristo, y los héroes de hoy: aquellos hombres y mujeres que no se ven, y que calladamente proveen una influencia tan necesaria sobre los adolescentes impresionables.

Sugerencias de actividades para el salón

Puedes resumir el cuestionario añadiendo una o más de estas actividades: Que los estudiantes busquen en revistas fotografías de héroes tanto buenos como malos; que los estudiantes hagan una lista de pasos que la gente joven puede dar, que los ayudará a desarrollar el carisma de un héroe verdadero; invita a un héroe local a hablar en tu grupo de jóvenes.

Pensando en las preguntas

Notarás que las preguntas son muy directas; no tomará mucho tiempo completar el cuestionario. Una vez que obtengas la información, ayuda a tus jóvenes a identificar qué características son compartidas por las personas que atraen el respeto y la admiración de tus estudiantes. ¿Qué rasgos comparten? ¿Existen algunos que puedan desarrollar? ¿Cómo?

MIS JUGUETES FAVORITOS

Edad ___ Hombre ___ Mujer ___ Grado ___ Escuela ____________

1. Circula cualquiera de los siguientes «juguetes» que son tuyos. Subraya tres que no tengas pero que te gustaría tener.

Nintendo/Sega, etc.	Bola de boliche
Equipo de CD	Bicicleta de carreras
Grabadora	Motocicleta
CD Player	Palos de golf
Bicicleta	Guitarra
Patines	Pistolas
Patineta	Pesas
Tabla para surfear	Computadora
Esquís de nieve	Piano
Tabla de nieve	Otros instrumentos musicales
Jet Ski	Equipo para pescar
Esquís de agua	Pistolas de pintura (Paint Ball)
Carro	Equipo de buceo
Máquina de coser	Mesa de fútbol
Equipo para tejer	Cámara
Balsa	Video-cámara
Canoa	Otro: ________
Kayak	
Equipo de arte	

2. ¿Has comprado algo que está de moda?
___ Sí ___ No

3. ¿Qué tanto juegas juegos?
___ Frecuentemente ___ Ocasionalmente
___ A veces ___ Nunca

4. ¿Cuáles son tus tres juegos favoritos?
1.
2.
3.

5. ¿Cuál es el juguete más caro que tienes?

¿Lo compraste con tu propio dinero?
___ Sí ___ No

6. ¿Tienes algún juguete que no estás dispuesto a dejar que otros jueguen?
___ Sí ___ No
Si la respuesta es «Sí», ¿cuál es?

7. Si pudieras tener solo un juguete, ¿cuál sería? ¿Por qué?

8. ¿Qué juguete podría ser el enfoque de tu futura carrera?

9. Menciona tres juguetes que sean de tu papá.
1.
2.
3.

10. Menciona tres juguetes que sean de tu mamá.
1.
2.
3.

11. ¿Con cuáles juguetes pasas demasiado tiempo jugando?

12. ¿A cuáles juguetes de los que mencionaste arriba le estás perdiendo el interés?

13. ¿Qué piensas que harás con tu juguete favorito cuando ya sea viejo o pierdas el interés en él? (Circula uno)
Mantenerlo / Venderlo / Regalarlo / Tirarlo

14. ¿Compras un juguete por impulso y después pierdes el interés en él?
___ Sí ___ No

15. ¿Qué juguetes de los que tienes necesitan de más habilidad?

16. Solo por curiosidad, suma el precio aproximado de todos tus juguetes y sus accesorios. ¿Cuánto suma?

CÓMO USAR

Mis juguetes favoritos

¿En qué actividades están involucrados tus estudiantes fuera del grupo de jóvenes? ¿Qué bienes materiales se les antojan? Conocer las respuestas a estas preguntas te ayudará a averiguar los niveles de materialismo y consumismo que existen en tus estudiantes.

La información obtenida aquí podrá darte ideas para eventos y salidas que muy probablemente le llamen la atención a tu grupo. Podrán ayudarte a realizar un ministerio a la medida para aquellos estudiantes con intereses especiales o comunes. Por ejemplo, si un número de jóvenes indica que les gusta andar en patineta, podrás crear actividades solamente para los que anden en patineta de tu grupo y podrás animarlos a traer a sus amigos para que participen también.

Sugerencias de actividades para el salón

Pídele a tus estudiantes que traigan sus juguetes favoritos a la reunión, que traigan juguetes que les gustaban antes pero que ahora se les hacen tontos (organiza una fiesta del recuerdo); organiza una colecta de juguetes para ser regalados.

Pensando en las preguntas

La pregunta 1 identifica las actividades que realizan la mayoría de tus jóvenes. Utiliza esta información para tu ventaja.

Las preguntas 4, 9 y 10 te dan claves de qué tanto y qué tan bien interactúa la familia de tus jóvenes. Por ejemplo, una familia que juega juegos juntos con frecuencia es más unida y sana que la que no lo hace.

La pregunta 14 te da una idea sobre la naturaleza impulsiva de tus estudiantes.

Las preguntas 6 y 16 insinúan acerca de la condición económica de tus estudiantes o sus familias.

SABELOTODO

¡Con letra de molde por favor!
Nombre ____________ Edad _____
Hombre ___ Mujer ___
Dirección _______________________
Ciudad _______________________
Apartado Postal ______
Teléfono ______________
Fecha de nacimiento _________

1. ¿Quieres ser más alto que tu papá o tu mamá?
___ Sí ___ No

2. ¿Qué marca de desodorante usas?

3. ¿Asistes a la iglesia?
___ Sí ___ No

4. ¿Tienes una mascota?
___ Sí ___ No
Si la respuesta es «Sí», ¿cuál es?

5. ¿Va a la iglesia tu mamá o tu papá?
___ Sí ___ No ___ A veces

6. ¿Cuántas piezas de goma de mascar crees que puedes masticar al mismo tiempo? (Circula uno)
4 / 6 / 8 / 10 / 12 / Más de 12

7. ¿En qué año vas en la escuela?

8. ¿Qué preferirías comer?
Hígado / Berenjena / Habas / Pulpo

9. En tu opinión, ¿cómo describes el término «cristiano»? (Marca uno)
___ Una persona que va a la iglesia
___ Una persona que cree en Dios
___ Una persona que vive una vida buena
___ Una persona que cree en las enseñanzas de Jesús
___ Una persona que declara ser «nacido de nuevo»

10. ¿Cuál es la pizza más rara que has comido?

11. ¿Cuál es el mejor tiempo para sacarte los mocos de la nariz?

12. En tu opinión, ¿el estilo homosexual está bien para algunas personas?
___ Sí ___ No

13. ¿Qué estación de radio escuchas más?

14. ¿Tienes un deporte favorito?
___ Sí ___ No
Si la respuesta es «Sí», ¿cuál es?

15. ¿Oras?
___ Con frecuencia ___ A veces ___ Pocas veces ___ Nunca

16. ¿Cuál es tu segundo nombre?

17. ¿Cuál es tu programa de televisión favorito?

18. ¿Tienes algún pasatiempo? Si es así, ¿cuál es?

Sabelotodo

Este cuestionario te ayuda a conocer a los estudiantes que son nuevos para ti. Es ligero y humorístico, pero provee información valiosa. Además de los datos básicos que son dirección y números de teléfono, las respuestas a este cuestionario te dan una idea con respecto a intereses y opiniones. Este conocimiento te ayudará a establecer la dirección de tu enseñanza.

Actividades sugeridas para el salón

Ya que este cuestionario se dirige principalmente a nuevos grupos, un buen momento para utilizarlo sería en una fiesta de «bienvenida al grupo de jóvenes» o en alguna actividad similar. Quizás podrás hacer una fiesta de juegos de este cuestionario. Divide al grupo en equipos; que cada joven entreviste a otro en vez de llenar los cuestionarios ellos mismos. El primer equipo en terminar gana. Las preguntas que siguen te darán algunas ideas que pueden ser divertidas.

Pensando en las preguntas

La pregunta 6 dice que cuántas piezas de goma de mascar puede mascar un joven. Provee la goma de mascar y hazlo. La pregunta 8 menciona hígado, berenjena, habas y pulpo. Provéeles de esto y ve quién puede comer. Trae una pizza rara (para la pregunta 10). No sugeriremos que se haga un concurso de sacarse los mocos de la nariz (ver pregunta 11).

En el lado serio, las preguntas 3 y 5 tratan con el trasfondo de iglesia de cada uno. ¿Aprobarán los padres del joven que se involucre en tu grupo de jóvenes? También tendrás una idea de qué esperar cuando conozcas a los padres.

Las preguntas 4, 13 y 14 proveen las claves de los intereses de los jóvenes. Una mascota, la música, un pasatiempo o deporte pueden formar una puerta de intereses comunes, abriendo una oportunidad honesta para obtener una relación significativa con ese estudiante.

Contrastando la pregunta 7 con la edad del estudiante, podrás observar si existe alguna discrepancia entre el grado y la edad que sería normal para el mismo. Esto te dará una idea en cuanto a la madurez y al nivel académico de ese estudiante.

La pregunta 9 te da una imagen del entendimiento del cristianismo de cada uno y su probable relación con Cristo. La pregunta 15 te ayudará a ver qué tan serio el individuo se siente con respecto a Dios.

La pregunta 12 te ayuda a darte una idea de los padres del estudiante: sus valores o su aprendizaje liberal o conservador.

¡TODO ACERCA DE TI!

¡Con letra de molde por favor!
Nombre ____________ Edad ______
Hombre ___ Mujer ___
Dirección ______________________________
Ciudad __________________________
Apartado Postal ______
Teléfono _______________
Fecha de nacimiento __________

1. ¿En qué año vas en la escuela? (Circula uno)
6 / 7 / 8 / 9 (Secundaria) / 10 / 11 / 12 (Preparatoria)

2. ¿A qué escuela vas?

3. ¿Cuántos hermanos y hermanas tienes?
____ Hermanos
____ Hermanas

4. ¿Cuál es el nombre y apellido de tu mamá?

5. ¿Cuál es el nombre y apellido de tu papá?

6. ¿Con quién vives? (Circula uno)
Mamá Papá Ambos Otro

7. ¿Cuántos años hace que vives en este área?

8. ¿Quién te trajo a nuestra iglesia o al grupo de jóvenes?

9. ¿Tienes una Biblia que sea fácil de leer?
___ Sí ___ No

10. ¿Manejas?
___ Sí ___ No
Si la respuesta es «Sí», ¿tienes un carro disponible para ti?

11. Haz una lista de algunos de tus buenos amigos.

12. ¿Trabajas?
___ Sí ___ No
Si la respuesta es «Sí», ¿qué días o qué noches?

13. ¿Juegas con algún equipo deportivo?
___ Sí ___ No
Si la respuesta es «Sí», ¿qué deporte?

14. ¿Qué pasatiempos o intereses disfrutas en este momento?

15. ¿Están planeando tú y tus papás mudarse en un futuro cercano?
___ Sí ___ No
Si la respuesta es «Sí», ¿a dónde?

CÓMO USAR ¡Todo acerca de ti!

Este cuestionario es una forma de tener la información actualizada para utilizarla de vez en cuando con un grupo creciente o un grupo nuevo. Los momentos más lógicos para utilizar este cuestionario son cuando los jóvenes se añadan a tu programa o durante eventos diseñados para traer a jóvenes nuevos.

Sugerencias de actividades para el salón

Este cuestionario no tomará mucho tiempo para llenarlo. Lo puedes utilizar en el principio o al final de cualquier evento o reunión. Si deseas construir una reunión alrededor de él, utiliza juegos de fiesta que ayuden a los jóvenes a conocerse entre ellos. Por ejemplo, haz una lista de objetos o preguntas divertidas que tus jóvenes deben aprender el uno del otro (por ejemplo: «Encuentra a alguien que nunca ha estado en *Disneylandia*»). La primera persona que llene todas las preguntas listando a diferentes personas por objeto o pregunta, gana.

Pensando en las preguntas

Este es un cuestionario básico informativo que revelará algunos hechos importantes. ¿De qué escuela o escuelas vienen tus estudiantes? (pregunta 2), ¿quién puede manejar? (pregunta 10), ¿cómo puedes contactar a los padres? (preguntas 4 y 5), ¿quiénes son los amigos que tus estudiantes pueden traer al grupo? (pregunta 11).

MI GRUPO DE JÓVENES

1. Yo soy _____ Hombre _____ Mujer

2. ¿En qué año vas en la escuela? (Circula uno)
6 7 8 9 (Secundaria) 10 11 12 (Preparatoria)

3. He estado en el grupo de jóvenes durante ___ años. (Circula uno)
1 2 3 4 5 6

4. La mayoría de mis amigos íntimos están en el grupo de jóvenes.
___ Sí ___ No

5. Invito a mis amigos a los programas del grupo de jóvenes. (Marca uno)
___ Con frecuencia ___ A veces ___ Rara vez ___ Nunca

6. En lo que se refiere a las actividades juveniles yo pienso que: (Marca uno)
___ No tenemos suficientes ___ Tenemos suficientes ___ Tenemos demasiadas

7. Yo participo de las actividades del grupo de jóvenes. (Marca una)
___ Siempre ___ A veces ___ Rara vez

8. En mi opinión, se necesita: (Marca una)
___ Más jóvenes en nuestro grupo de jóvenes
___ Quedarnos como estamos, estamos muy bien
___ Menos jóvenes, somos demasiados

9. En mi opinión, nuestras actividades son: (Marca una)
___ Interesantes y divertidas
___ Buenas
___ Lo suficientemente buenas para mí
___ Un poco apagadas
___ Aburridas

10. Yo pienso que nuestras actividades son: (Marca una)
___ Razonables en el precio ___ Cuestan mucho ___ Cuestan demasiado

11. Yo pienso que las canciones y la música en nuestro grupo de jóvenes son: (Marca una)
___ Maravillosas ___ Buenas ___ Medio apagadas ___ Malas ___ Nosotros no cantamos así que ¿a quién le importa?

12. Creo que nuestros estudios bíblicos son: (Marca una)
___ Grandiosos ___ Un poco interesantes ___ Más o menos ___ Aburridos

13. En mi opinión necesitamos más: (Marca una)
___ Liderazgo de adolescentes
___ Mujeres en liderazgo
___ Hombres en liderazgo
___ Adultos en liderazgo

14. En mi opinión, nosotros: (Marca una)
___ Necesitamos ser más serios con respecto a nuestra fe
___ Necesitamos alcanzar más a los jóvenes incrédulos
___ Estamos en el balance de lo divertido y lo serio
___ Necesitamos relajarnos y divertirnos más

15. Yo sigo viniendo al grupo de jóvenes por todas las razones que estoy marcando abajo:
___ Padres
___ Diversión
___ Amigos
___ Actividades
___ Estudios bíblicos
___ Adultos que me gustan
___ Otro

16. Me gustaría estar en una posición de liderazgo dentro del grupo de jóvenes.
___ Sí ___ No

CÓMO USAR
Mi grupo de jóvenes

Cada líder debe morderse los labios de vez en cuando y saber cómo se sienten sus tropas. ¿Les gusta a tus jóvenes lo que estás haciendo? Este cuestionario proveerá la respuesta.

La ganancia de este cuestionario dependerá de tres factores. Primero, los jóvenes en tu grupo necesitarán saber que eres sincero y que seriamente considerarás sus opiniones. Segundo, debes tener en cuenta que las opiniones de tus estudiantes en realidad son importantes, aunque sus opiniones te duelan o no siempre estés de acuerdo con ellas. Los jóvenes son honestos, directos y a veces crueles en sus apreciaciones. Aunque duela, esta es la forma en la que los jóvenes se sienten. Es importante responderles de alguna forma. Tercero, responde lo más pronto posible. Si tu programa tiene serios problemas, tus jóvenes no esperarán mucho tiempo la solución. Si algunas de las cosas que los jóvenes quieren no son prácticas, explícales la razón del porqué.

Actividades sugeridas para el salón

Presenta el cuestionario con un acercamiento alegre haciendo que todos se rasquen las espaldas los unos a los otros. Diles a tus estudiantes: «Queremos rascar donde haya comezón, lo que significa que queremos saber lo que piensan del programa de su grupo de jóvenes y cómo podemos hacerlo cada vez mejor. Rascar donde tengas comezón. De eso se trata este cuestionario».

Pensando en las preguntas

Las preguntas 4 y 5 revelan la actitud verdadera del joven sobre tu programa de jóvenes: si a él o a ella en realidad les gusta, sus amigos serán invitados.

Las preguntas 11, 12 y 13 se refieren a la música, estudios bíblicos y liderazgo. Francamente es mejor hacerlo sin música que hacerlo mal. Y como lo dijo un líder de jóvenes: «Es un pecado aburrir a los jóvenes con la Biblia».

Las respuestas a las preguntas 14 y 15 te ayudarán a encontrar un puente hacia la amistad de un joven. Toma interés en lo que a ellos les interesa.

La pregunta 16 te dejará saber si alguien se irá pronto del grupo.

ATURDIDO EN LA ESCUELA

¡Con letra de molde por favor!
Nombre ____________ Edad _____
Hombre ___ Mujer ___
Dirección ________________________
Ciudad ______________________
Apartado Postal _____
Teléfono ______________
Fecha de nacimiento _________

1. ¿A qué escuela vas?

2. ¿A qué hora comienza la escuela?

¿A qué hora termina?

3. ¿A qué hora es el recreo?

¿A qué hora termina?

4. ¿Estás involucrado en algún club o programa escolar?
___ Sí ___ No
Si la respuesta es «Sí», ¿cuál o cuáles?

5. ¿Tiene tu escuela algún estudio bíblico o algún grupo cristiano que se reúna ahí?
___ Sí ___ No
Si la respuesta es «Sí», ¿cuál?

¿Cuándo se reúnen?

¿Tú vas?
___ Sí ___ No
Si la respuesta es «No», ¿te interesaría comenzar uno, o asistir a uno?
___ Sí ___ No

6. ¿Quién es el director de tu escuela?

7. ¿Quién es tu maestro (a) favorito (a)?

8. ¿Quién, en tu opinión, es el peor maestro (a) de tu escuela?

9. ¿Asistes a una escuela abierta donde puedes entrar y salir cuando quieres?
___ Sí ___ No

10. ¿Qué promedio de calificaciones tienes?
(Circula uno)
A / B / C / D / F ó 100 / 80 / 60 / 40

11. ¿Es tu escuela pública o privada?
___ Pública ___ Privada

12. ¿Estás involucrado en algún deporte en tu escuela?
___ Sí ___ No
Si la respuesta es «Sí», ¿cuál o cuáles?

13. ¿En qué parte de la escuela te reúnes con tus amigos?

14. ¿Cuál es tu clase favorita en este año?

15. ¿Cuál es la que menos te gusta?

16. ¿Sientes que estás recibiendo una buena educación en tu escuela?
___ Sí ___ No

17. ¿Cuánto tiempo pasas haciendo la tarea cada día?

18. ¿Conoces a algún maestro (a) que sea cristiano (a)?
___ Sí ___ No
Si la respuesta es «Sí», escribe sus nombres

19. ¿Te han suspendido de la escuela?
___ Sí ___ No

20. ¿Compras comida en la escuela durante el recreo?
___ Sí ___ No

21. ¿Asistes a alguna competencia deportiva de la escuela?
___ Sí ___ No ___ A veces

22. ¿Trabajas medio tiempo después de la escuela?
___ Sí ___ No

23. ¿Trabajas los fines de semana?
___ Sí ___ No

CÓMO USAR
Aturdido en la escuela

Este cuestionario puede ser utilizando para obtener información valiosa sobre el ambiente en el que tus estudiantes viven la mayor parte del día. Aprenderás de sus hábitos de estudio y las restricciones de tiempo que tienen tus estudiantes. Si estás pensando en trabajar en las escuelas, este cuestionario te dará una idea de cómo debes manejarlo, a qué hora suceden las cosas y quiénes del personal docente pueden ser una buena conexión.

Actividades sugeridas para el salón

Ya que este cuestionario se enfoca en la escuela, un buen tiempo para utilizarlo es durante la misma semana en que comienza el curso o se reparten calificaciones y cosas así. Una buena discusión puede edificarse alrededor del contraste entre los valores de una típica escuela pública y los valores cristianos.

Pensando en las preguntas

Las preguntas 1-4 te dan un bosquejo del día de un estudiante. Si el horario de un estudiante difiere del normal, él o ella tendrán un horario de trabajo especial o estarán tomando créditos extras de algún tipo.

Las preguntas 6, 12, 13 y 21 te dicen qué tanto este estudiante está involucrado en la vida de la escuela. Si tienes a muchos estudiantes involucrados en programas de deportes la asistencia podrá ser afectada durante una temporada en particular.

Las preguntas 10, 14-17 y 19 te dan un poco de idea sobre los hábitos personales y las actitudes de tus estudiantes. Podrás averiguar el rendimiento académico, y ver si el estudiante tiende a echarle la culpa a la escuela cuando obviamente (digamos que por falta de tiempo para hacerla), él o ella no están haciendo la tarea. Puedes observar las otras demandas que podrán ser puestas sobre el estudiante como lo es un trabajo.

Las preguntas 5 y 18 te dan una idea de lo que está sucediendo en la dimensión espiritual en la escuela. Te darán los nombres de maestros a los que puedes acudir si tú o tu grupo de jóvenes necesita un contacto o un apoyo en la escuela que sea favorable hacia el cristianismo.

SUPERSTICIONES

Marca uno: ___ Hombre ___ Mujer

1. Yo tengo _____ años de edad. (Circula uno)
11 / 12 / 13 / 14 / 15 / 16 / 17 / 18 / 19 / 20 / 21+

2. ¿Lees los horóscopos?
___ A diario ___ En ocasiones ___ Nunca

3. ¿Crees que los horóscopos son verdad?
___ Sí ___ No ___ No estoy seguro

4. ¿Crees que existe algo así como un número de mala suerte?
___ Sí ___ No ___ No estoy seguro

5. ¿Te sentarías en el asiento de un avión si tuviera el número 13?
___ Sí ___ No ___ No si hubiera otro asiento

6. ¿Qué piensas de los hoteles que se saltan el número 13 cuando numeran los pisos (van del 12 al 14)? (Marca uno)
___ Deben saber algo que yo no sé
___ Deben creer que el 13 es un número de mala suerte
___ Deben haber muchas personas que no se quedan en esos cuartos
___ El gerente del hotel es un tonto por creer en esa superstición

7. ¿Crees que el viernes 13 es un día de mala suerte?
___ Sí ___ No ___ No estoy seguro

8. Marca cualquiera de las siguientes ideas que pienses que tienen mérito:
___ Romper un espejo trae siete años de mala suerte
___ Derramar sal trae mala suerte
___ Existen amuletos para la buena suerte (la pata de un conejo, un trébol de cuatro hojas, etc.)
___ Pasar debajo de una escalera es de mala suerte
___ Un gato negro que se atraviesa en tu camino es de mala suerte
___ Tocar madera hace que lo malo no te suceda después que hablaste de eso

9. ¿Crees que las personas pueden predecir tu futuro con hojas de te, lectura de la palma de la mano, cartas del tarot, etc.?
___ Sí ___ No ___ No estoy seguro

10. ¿Has jugado con la tabla de ouija?
___Sí ___ No ___ No estoy seguro

11. ¿Crees que la tabla de la ouija funciona en realidad?
___ Sí ___ No ___ No estoy seguro

12. ¿Crees en los fantasmas?
___ Sí ___ No ___ No estoy seguro

13. ¿Crees que algunas casas están embrujadas?
___ Sí ___ No ___ No estoy seguro

14. ¿Cargas con una pata de conejo o con cualquier otro amuleto de la suerte?
___ Sí ___ No

15. ¿Crees que algunas personas pueden hechizar a otras?
___ Sí ___ No

Supersticiones

Muchos jóvenes, aun los que asisten a la iglesia por mucho tiempo, pueden ser supersticiosos. El propósito de este cuestionario es ayudarte a descubrir el grado de superstición de los que integran tu grupo, las áreas donde la superstición es más dominante, y qué género y a qué nivel de edad se le tiene que poner atención a un sujeto.

Un tiempo perfecto para utilizar este cuestionario es en un viernes trece (o el día trece de cualquier mes).

Actividades sugeridas para el salón

Utiliza este cuestionario para comenzar un estudio acerca de Saúl y la médium de Endor (1 Samuel 28:7-25), Simón el hechicero (Hechos 8:9-25), o en un estudio bíblico de Navidad sobre los magos (que en realidad eran astrólogos).

Realiza un estudio bíblico sobre la suerte y la soberanía de Dios. Trata el tema del ocultismo, en particular si los jóvenes respondieron fuertemente a las preguntas sobre adivinar el futuro y la tabla de la ouija. Si los jóvenes creen en fantasmas, enséñales sobre lo que le sucede a una persona después de la muerte.

Trae los horóscopos y otras cosas que se mencionen en el cuestionario para usarlos como ayudas visuales.

Pensando en las preguntas

Las preguntas cubren varias áreas principales de superstición. La habilidad para predecir el futuro o responder interrogantes se cubre en las preguntas 2 y 3 (horóscopos) y 9-11 (tabla de la ouija, hojas de té, etc.). Los presagios de mala suerte (el número 13, espejos rotos, gatos negros y cosas así) se tocan en las preguntas 4-8 y 14. Los fantasmas se mencionan en las preguntas 12 y 13. La pregunta 15 habla acerca de hechicerías (la brujería y lo satánico).

Las respuestas a estas preguntas te dirán qué áreas necesitan ser tratadas en tus enseñanzas.

¿QUIÉN ES UN MISIONERO?

1. Los misioneros son cristianos que trabajan en la selva con personas primitivas.
___ Sí ___ No ___ A veces

2. Los misioneros son especialistas en la iglesia cristiana.
___ Sí ___ No ___ A veces

3. Un verdadero misionero es alguien que planta iglesias, enseña y predica a los nativos en otro país.
___ Sí ___ No ___ A veces

4. Los misioneros pueden trabajar aquí en nuestro país y aun así ser llamados misioneros.
___ Sí ___ No ___ A veces

5. Los misioneros siempre tienen que saber otro lenguaje.
___ Sí ___ No ___ A veces

6. Los misioneros son personas especialmente educadas, entrenadas y equipadas.
___ Sí ___ No ___ A veces

7. Los misioneros son llamados por Dios porque son personas súper espirituales.
___ Sí ___ No ___ No estoy seguro

8. Para ser misionero, una persona debe ser guiada por Dios en una forma inusual, como lo es un sueño o una visión.
___ Sí ___ No ___ No estoy seguro

9. Los misioneros son cristianos normales que aman a Dios y quieren llevar su mensaje a otras personas que no lo han escuchado.
___ Sí ___ No ___ A veces

10. ¿Cómo obtienen su dinero los misioneros? (Marca todas las que apliquen)
___ Lo piden
___ Confían en Dios para obtenerlo
___ La iglesia les paga
___ Les paga su denominación o agencia de misiones
___ Reciben donativos por correo
___ Reciben donativos de personas con las que trabajan
___ Se ganan la lotería.

11. Los misioneros tienen trabajos de alto riesgo.
___ Siempre ___ A veces ___ Nunca

12. La mayoría de los misioneros que trabajan fuera del país, regresan a casa por un año después de:

___ Dos años
___ Tres años
___ Cuatro años
___ Ocho años
___ Nunca

13. A los misioneros con frecuencia se les pide que platiquen sobre su trabajo en los servicios de la iglesia. Evalúa a los misioneros que has escuchado:
___ Generalmente son buenos conferencistas
___ Conferencistas normales
___ Aburridos
___ Nunca he escuchado a uno

14. Conozco los nombres de uno o más misioneros enviados o sostenidos por mi iglesia.
___ Sí ___ No

15. Los misioneros pueden tener trabajos como carpintería, maestros de escuela, pilotos, secretarias, artistas gráficos, contadores, etc.
___ Sí ___ No

16. Conozco a un misionero y he hablado con él (ella).
___ Sí ___ No

17. Mi familia ayuda económicamente a un misionero.
___ Sí ___ No

18. Me gustaría ser misionero.
___ Sí ___ No

CÓMO USAR
¿Quién es un misionero?

Este cuestionario forma una base natural para comenzar una lección o una serie de lecciones sobre los misioneros y su trabajo. Cuando la mayoría de los jóvenes piensa en el término *misionero*, se forman una imagen de alguna alma pobre en la selva, aplastando insectos y traduciendo la Biblia. Tú tienes la oportunidad de expandir los conceptos de tus estudiantes. Los campos y las obras misioneras llegan de todas formas y tamaños. Más aun, puedes concienciar a tus estudiantes de que todos los cristianos son llamados a hacer el trabajo de un misionero, guiando a otros al Señor.

¿Existe un misionero potencial escondiéndose en tu grupo de jóvenes? La respuesta es sí.

Actividades sugeridas para el salón

Si tus estudiantes no tienen un buen entendimiento de lo que son los misioneros o lo que hacen, es un buen momento para presentarles el trabajo de un misionero a través de alguno que esté de paso o llevándolos a un trabajo en progreso en casa o en otro país. Tu denominación podrá suplir información relevante.

Edifica un estudio bíblico sobre la Gran Comisión (Mateo 28:18-20) o sobre el llamado de Jesús en Hechos 1:8.

Pensando en las preguntas

Las respuestas correctas (a las preguntas que las tengan) están listadas abajo. Los comentarios que le siguen ofrecen una explicación más profunda.

Pregunta 1: A veces
Pregunta 2: A veces
Pregunta 3: A veces
Pregunta 4: Sí
Pregunta 5: No
Pregunta 6: A veces
Pregunta 7: No
Pregunta 8: No
Pregunta 9: Sí
Pregunta 10: Todas las respuestas están bien
Pregunta 11: A veces
Pregunta 12: Tres años
Pregunta 15: Sí

Una verdad importante sobre el trabajo misionero que tus estudiantes deben aprender mientras discutes el tema es: Cualquier persona con alguna destreza puede llegar a ser un misionero de tiempo completo. En realidad, los campos misioneros están requiriendo mecanógrafos, mecánicos, especialistas médicos, constructores, padres de dormitorio, maestros y mucho más. Las preguntas 1-6 y 15 ayudan a señalar que los misioneros pueden trabajar en cualquier parte del mundo, incluso aquí en casa, y que el trabajo misionero viene de muchas formas. Las preguntas 7 y 8 te permiten discutir el hecho de que los cristianos son llamados a realizar el trabajo misionero a diario (ver Mateo 28:18-20). La pregunta 11 te da una gran oportunidad para contarle a alguien las historias emocionantes de aventuras que algunos misioneros han experimentado en sus campos.

MIS TEMORES MÁS GRANDES

Para cada una de las siguientes preguntas, marca la respuesta que más describa tu reacción.

1. Suponte que fuiste avergonzado (a) en frente de todo el cuerpo docente de la escuela. ¿Cómo te sentirías?

__ Devastado
__ Desearía estar muerto
__ Amargado
__ Humillado
__ Enojado
__ Lo puedo soportar

2. Cuando se te pide que hables en público, ¿Cómo reaccionas?

___ De ninguna manera
___ Con miedo
___ Nervioso
___ Incómodo
___ Bastante bien
___ En control

3. ¿Cómo ves la idea del matrimonio?

___ Pánico
___ Gran miedo
___ Abrumador
___ Me late
___ Maravilloso

4. ¿Cómo te sentirías si fueras violado, asaltado o abusado sexualmente?

___ ¡Ni siquiera puedo pensarlo!
___ Me quisiera morir
___ Devastado
___ Haría lo mejor posible para enfrentarlo
___ De alguna manera lo superaría
___ Perdonaría

5. ¿Cómo reaccionarías si fueras arrestado y encarcelado?

___ Devastado
___ Amargado
___ Podría vivir con eso
___ Sacaría lo mejor de eso

6. ¿Cómo reaccionarías si tu familia perdiera todo y tuvieran que vivir en la calle?

___ Me querría morir
___ Devastado
___ Amargado
___ Sacaría lo mejor de eso

7. ¿Cómo te sentirías si fueras secuestrado?

___ Con temor
___ Con pánico
___ Enojado
___ Estaría en control
___ Sacaría lo mejor de eso

8. ¿Cómo reaccionarías si tus padres se mataran en un accidente?

___ Me quisiera morir también
___ Devastado
___ Amargado con Dios
___ Vacío y perdido
___ Trabajaría para salir adelante
___ Sacaría lo mejor de eso

9. ¿Cómo te sentirías si te quedaras paralizado por algún accidente?

___ ¡No pienso en eso!
___ Me quisiera morir
___ Devastado
___ Amargado con Dios
___ Sacaría lo mejor de eso

10. ¿Cómo te sentirías si supieras que tienes solamente algunos meses de vida?

___ Devastado
___ Completamente deprimido
___ Amargado con Dios
___ Sabría que sería mi tiempo para irme

11. ¿Cómo te sientes sobre tu propia muerte?

___ Aterrorizado
___ Lo peor
___ Con miedo
___ Todos nos tenemos que ir algún día
___ Algo aprensivo
___ No siento temor a la muerte
___ Me siento emocionado con el cielo

12. ¿Cómo piensas que manejarías un terrible dolor físico o emocional?

___ ¡De ninguna manera!
___ Preferiría morirme
___ El dolor me asusta
___ Lo puedo aguantar hasta cierto punto
___ Lo podría soportar

13. Lista cuatro de tus más grandes temores

1.
2.
3.
4.

CÓMO USAR

¿Mis temores más grandes

Un cuestionario como este puede revelar bastante sobre lo que hay dentro de los individuos y dentro de tu grupo, ya que las respuestas revelarán los temores más grandes percibidos en él. Encontrarás varias áreas de temor que necesitan ser tratadas dentro de tu grupo. Este tipo de preguntas dará lugar a otras preguntas buenas y honestas. También este cuestionario puede ser una gran base para un estudio bíblico o una lección para tratar con el miedo.

ADVERTENCIA: Maneja este tema con extrema sensibilidad. No es nada inusual descubrir que alguien en el grupo ha sido violado, o ha estado en un accidente, o sufrió la muerte de uno de sus padres o ha enfrentado otro dolor significativo.

Actividades sugeridas para el salón

Un buen tiempo para observar el temor es durante la época de Halloween (o día de muertos) o después de que una tragedia llegue a tu grupo de jóvenes.

Organiza pequeños grupos y distribuye periódicos, indícales que recorten los titulares de temor para discutirlos. Hablen de películas recientes de terror como para entrar en el tema. Dirige un estudio bíblico en el poder de Dios para vencer el temor.

Pensando en las preguntas

Los temas cubiertos por las preguntas según su orden son la vergüenza, hablar en público, matrimonio, violación, cárcel, pobreza, secuestro, ser huérfano, accidentes grandes, enfermedades fatales, la muerte y el dolor. Una de las respuestas que un estudiante podrá marcar en varias de las preguntas es: «Amargado con Dios». Habla sobre el punto de vista que tus estudiantes tienen de Dios. ¿Es un juez despiadado? ¿Le importa cuando sus hijos sufren? ¿Le debemos tener temor? ¿Está enojado con nosotros?

¿QUÉ ES REALMENTE IMPORTANTE?

Lee este cuestionario por completo una vez sin contestarlo. Después circula una respuesta a cada situación que indique qué tan importante piensas que es.

1. Ayudar a la gente de la calle en nuestra comunidad.
Necesidad urgente Gran necesidad Algo de necesidad Pequeña necesidad Ninguna necesidad

2. Ayudar a las personas de la calle en ciudades grandes.
Necesidad urgente Gran necesidad Algo de necesidad Pequeña necesidad Ninguna necesidad

3. Ayudar a las personas con SIDA.
Necesidad urgente Gran necesidad Algo de necesidad Pequeña necesidad Ninguna necesidad

4. Ayudar a los niños y adultos que mueren de hambre en África.
Necesidad urgente Gran necesidad Algo de necesidad Pequeña necesidad Ninguna necesidad

5. Ayudar a las personas que se encuentran en peligro en países que están en guerra.
Necesidad urgente Gran necesidad Algo de necesidad Pequeña necesidad Ninguna necesidad

6. Salvar a las especies en peligro de extinción como ballenas y elefantes.
Necesidad urgente Gran necesidad Algo de necesidad Pequeña necesidad Ninguna necesidad

7. Ministrar a las personas que están encerradas en las prisiones y penitenciarías.
Necesidad urgente Gran necesidad Algo de necesidad Pequeña necesidad Ninguna necesidad

8. Rescatar a los misioneros extranjeros que están como rehenes de las guerrillas.
Necesidad urgente Gran necesidad Algo de necesidad Pequeña necesidad Ninguna necesidad

9. Ayudar a los huérfanos en los orfanatos alrededor del mundo.
Necesidad urgente Gran necesidad Algo de necesidad Pequeña necesidad Ninguna necesidad

10. Enseñar a aquellos que no pueden leer ni escribir.
Necesidad urgente Gran necesidad Algo de necesidad Pequeña necesidad Ninguna necesidad

11. Compartir a Jesús con aquellos que nunca han escuchado el evangelio.
Necesidad urgente Gran necesidad Algo de necesidad Pequeña necesidad Ninguna necesidad

Regresa y dibuja una estrella junto a aquellos a los que ayudarías con tu tiempo y tus recursos.

CÓMO USAR

¿Qué es realmente importante?

Este cuestionario tiene dos usos primordiales. Primero, las respuestas dadas por tus estudiantes revelarán hasta cierto punto el grado y la dirección de la compasión de tu grupo. En segundo lugar, las respuestas formarán una buena base para discutir sobre las necesidades en todo el mundo y cómo ustedes como grupo pueden involucrarse.

Actividades sugeridas para el salón

Una reunión de oración basada en las áreas de necesidad que tus estudiantes considerarían es una gran actividad. Decide quién orará para cada tema y qué se debe orar específicamente.

Ustedes podrán discutir cosas tangibles que pueden hacer para ayudar a los necesitados. Por ejemplo, pueden planear una visita al hospital o recolectar dinero para apoyar económicamente a un huérfano.

Pensando en las preguntas

Los temas cubiertos por este cuestionario por orden de aparición son: la gente de la calle, los pacientes con SIDA, los que mueren de hambre, las víctimas de guerra, las especies en peligro de extinción, los prisioneros, los misioneros que se encuentran como rehenes, los huérfanos, los iletrados y los no salvos.

Tus estudiantes en realidad se preocuparán más por los asuntos que los periódicos y la televisión están enfatizando en la actualidad (que con seguridad no serán los misioneros que se encuentran como rehenes o las personas que no son salvas). Las respuestas te ayudarán a saber en lo que en verdad están interesados tus jóvenes. Enfatiza las áreas en las que tus estudiantes no están interesados; esas son las áreas en las que ellos son más ignorantes y necesitan algo de educación.

CAMINANTES HABLADORES

Por favor, llena el cuestionario que sigue con los nombres de los jóvenes de tu grupo. No utilices tu propio nombre ni tampoco el de ningún joven que no asista de manera regular al grupo. Puedes utilizar un nombre más de una vez.

1. Escribe los nombres de un joven y de una señorita a los que acudirías si quisieras que alguien orara por ti.

2. Escribe los nombres de un joven y una señorita a los que acudirías si tuvieras una pregunta acerca de la Biblia o alguna situación espiritual.

3. Escribe los nombres de un joven y una señorita cuyas vidas son un ejemplo del amor cristiano.

4. Escribe los nombres de un joven y una señorita que no tengan miedo de declarar su fe.

5. Escribe los nombres de un joven y una señorita que son buenos ejemplos de cómo debe vivir un cristiano en el mundo real.

6. Escribe los nombres de un joven y una señorita que sean amigables y cálidos hacia los jóvenes nuevos.

7. Escribe los nombres de un joven y una señorita que te darían un consejo sabio sobre algunas cosas que estés pasando en tu vida.

8. Escribe los nombres de un joven y una señorita que tengan una vida en familia que tú admires.

9. Escribe los nombres de un joven y una señorita que pienses que son líderes espirituales en tu grupo.

10. Escribe los nombres de un joven y una señorita que tengan buena autodisciplina.

11. Escribe los nombres de un joven y una señorita a los que podrías acudir si estuvieras metido en problemas.

CÓMO USAR
Caminantes habladores

Este cuestionario sencillo puede ser usado para averiguar a quiénes tus jóvenes ven como los líderes espirituales vibrantes del grupo. Pon atención; lo que ellos digan, con seguridad es bastante acertado.

Escribe los nombres de los jóvenes que están en la lista y observa a cuál se mencionó más. Si alguien brilla en un área en particular, toma nota también. Este conocimiento te ayudará a seleccionar líderes para tu grupo de jóvenes o para el equipo de ministerio. Descubrirás qué estudiantes ponen un esfuerzo especial, los que trabajan y animan con aptitudes personales que describen la forma en la que sus compañeros los evalúan en el liderazgo espiritual. Sabrás qué jóvenes utilizar en los programas especiales como misiones, discipulado o evangelismo. Por último, podrás colocar a los jóvenes en alguna posición en la que tengan el interés, la habilidad y la aptitud.

Actividades sugeridas para el salón

Podrás proveer una lista, o hacer que tus estudiantes escriban una, con los nombres de los miembros regulares que asisten a tu grupo. De esta forma todos los estudiantes que estén llenando el cuestionario se enfocarán en las mismas personas.

Trabaja con tus estudiantes para definir lo que es el liderazgo. Algunas de las características claves a considerar son la autoridad, formalidad, sabiduría, integridad y espiritualidad.

Pensando en las preguntas

Aunque las preguntas son muy directas, concede el tiempo suficiente para que tus estudiantes puedan pensar sus respuestas. Debes estar preparado para definir o dar ejemplos de los conceptos claves en cada pregunta. La pregunta 3, por ejemplo, podrá hacer que los estudiantes se pregunten qué es un ejemplo de amor cristiano.

Los temas cubiertos en orden de aparición son: la oración, la Biblia, el amor cristiano, testificar, la vida cristiana, la amistad, los consejos de Dios, la vida familiar, el liderazgo espiritual, la autodisciplina y la ayuda en tiempos de problemas.

RÍNDETE

1. ¿Cuánto dinero ganas o recibes cada semana? (Circula uno)
Nada $5 $10 $20 $30 $50 $100 o más

2. ¿Cómo obtienes tu dinero? (Circula todas las que apliquen)
Mis papás Trabajo Niñera (o) Otro:

3. ¿Tienes que hacer trabajos en la casa para recibir dinero?
___ Sí ___ No

4. ¿Cómo describirías la condición financiera de tu familia? (Circula una)
Más bien pobres Más o menos Bastante buena Ricos

5. ¿Piensas que deberían darte más dinero o subirte el sueldo?
___ Sí ___ No

6. ¿Estás comprando alguna cosa a plazos? (crédito)
___ Sí ___ No

7. ¿Tienes tu propia cuenta de cheques?
___ Sí ___ No

8. ¿Tienes tu propia cuenta de ahorros?
___ Sí ___ No

9. ¿Estás ahorrando dinero regularmente?
___ Sí ___ No

10. ¿Requieren tus papas que les ayudes a pagar la renta en tu casa?
___ Sí ___ No

11. ¿Tienes tu propia tarjeta de crédito?
___ Sí ___ No

12. ¿Utilizas la tarjeta de crédito de tus papás?
___ Sí ___ No

13. ¿Das dinero regularmente a tu iglesia, a alguna obra de caridad a algún misionero?
___ Sí ___ No

14. ¿Qué es lo que estás planeando comprar próximamente?

15. Conforme piensas en el futuro, ¿es el dinero muy importante para ti?
___ Sí ___Más o menos ___ No

16. ¿Has tenido la tentación de robar?
___ Sí ___ No

17. Por lo general, ¿cuánto dinero llevas contigo?

18. ¿Compras cosas usualmente por impulsividad?
___ Sí ___ No

19. ¿Normalmente pides prestado dinero a tus amigos?
___ Sí ___ No
Si la respuesta es «Sí», ¿les pagas rápido?
___ Sí ___Normalmente ___ No

20. ¿Con frecuencia te arrepientes de haber comprado algo después de haberlo adquirido?
___ Sí ___ No

21. ¿Te has encontrado reteniendo dinero que es para la iglesia o para el grupo de jóvenes porque lo quieres usar para comprar algo?
___ Sí ___ No

Ríndete

¿Qué saben tus estudiantes sobre el dinero? ¿De dónde obtienen su dinero y qué compran? ¿Manejan sus finanzas de una forma sabia? Es importante conocer las respuestas porque el dinero es una prioridad esencial para cada uno de tus estudiantes. Puede ser una bendición o una trampa.

Este cuestionario tiene tres propósitos: primero, dejarte saber cómo tus estudiantes piensan sobre el dinero y cómo lo usan; segundo, crear las condiciones para un estudio bíblico o una lección sobre cómo manejar el dinero; tercero, para animar a tus jóvenes a que usen su dinero con sabiduría.

Actividades sugeridas para el salón

Como fue mencionado arriba, puedes dar una lección de mayordomía. La parábola de los talentos sería buena.

El diezmo es un buen tema; quizás tu clase estaría dispuesta a recolectar dinero durante un período de tiempo para una causa que valga la pena.

También está la buena lección de: «quema tu billete de $5» (quema un poco cada vez hasta que ya no tenga valor. Esta es una lección de cómo uno puede desperdiciar su vida).

Pensando en las preguntas

¿Qué tan importante es el valor del dinero? Muchas de las preguntas —en especial aquellas que indagan sobre cómo los estudiantes ganan dinero, qué tan bien viven, si piden prestado, si compran a crédito o compran impulsivamente— te harán saber lo que tus estudiantes piensan. Puedes tener una idea de cuánto (o qué tan poco) las creencias cristianas de tus estudiantes impactan sus hábitos de gastar su dinero con las preguntas 13 y 21. La ética del trabajo se cubre en las preguntas 3, 10, 12, 16 y 19. El joven que está dispuesto a trabajar duro por una recompensa podrá serte valioso en tu ministerio.

¿SOY UN LÍDER?

Nombre ____________________________
Fecha ____________________________

I. Quiero ser líder porque (marca todas las que apliquen):

___ Me gusta ser alguien que otros respeten y admiren
___ Quiero aprender a ser un líder
___ Me gusta estar en control
___ Me gusta ser parte de un grupo de liderazgo
___ Puedo contribuir con el programa
___ No quiero ser líder
___ Otro

II. Evalúate en cada una de las áreas que siguen circulando el número apropiado.

1. Mi nivel de energía (10 = Estoy lleno de energía todo el tiempo).
1 / 2 / 3 / 4 / 5 / 6 / 7 / 8 / 9 / 10

2. Mi nivel de compromiso (10 = Siempre termino lo que comienzo).
1 / 2 / 3 / 4 / 5 / 6 / 7 / 8 / 9 / 10

3. Mi ejemplo (10 = Soy un modelo consistente, uno que marca el paso a seguir).
1 / 2 / 3 / 4 / 5 / 6 / 7 / 8 / 9 / 10

4. Puedo aceptar la autoridad sobre mí (10 = No hay problema).
1 / 2 / 3 / 4 / 5 / 6 / 7 / 8 / 9 / 10

5. Mi sentido común (10 = Soy capaz de ver y lograr soluciones sencillas a problemas comunes).
1 / 2 / 3 / 4 / 5 / 6 / 7 / 8 / 9 / 10

6. Mi autodisciplina (10 = Soy autodisciplinado).
1 / 2 / 3 / 4 / 5 / 6 / 7 / 8 / 9 / 10

7. Mi forma de pensar (10 = Tengo la habilidad de permanecer en calma bajo presión).
1 / 2 / 3 / 4 / 5 / 6 / 7 / 8 / 9 / 10

8. Mi lealtad (10 = Soy leal).
1 / 2 / 3 / 4 / 5 / 6 / 7 / 8 / 9 / 10

9. Mi forma de jugar en equipo (10 = Soy un fuerte jugador en equipo).
1 / 2 / 3 / 4 / 5 / 6 / 7 / 8 / 9 / 10

10. Mi habilidad de comunicarme (10 = Puedo hablar de manera clara y convincente).
1 / 2 / 3 / 4 / 5 / 6 / 7 / 8 / 9 / 10

11. Mi creatividad (10 = Soy creativo).
1 / 2 / 3 / 4 / 5 / 6 / 7 / 8 / 9 / 10

12. Mi forma de aprender (10 = Soy enseñable y capaz de aprender nuevas cosas).
1 / 2 / 3 / 4 / 5 / 6 / 7 / 8 / 9 / 10

¿Soy un líder?

Utiliza este cuestionario con tus líderes de jóvenes o con aquellos que desean trabajar con los jóvenes. El beneficio primordial de esta evaluación es ayudar a tus voluntarios a descubrir las áreas en las que necesitan mejorar, animarse y entrenarse. Esto te ayudará a ti, el líder, a obtener un mejor entendimiento de los puntos fuertes y débiles de tu equipo. Necesitarás describir el significado de cada pregunta en detalle mientras que tu gente está trabajando como se señala abajo en *«Pensando en las preguntas»*.

Actividades sugeridas para el salón

Este cuestionario deberá ser utilizado en una reunión de planeación de liderazgo. Asegúrate de comunicarles de qué se trata tu programa y lo que tú necesitas en cuanto al personal. Conforme los voluntarios trabajan con las preguntas, adviérteles que no se desanimen si descubren áreas débiles. El saber en dónde podemos fallar es el primer paso para fortalecer nuestras defensas y prevenir el fracaso.

Pensando en las preguntas

La sección I se enfoca en los motivos del liderazgo. Explícale a la gente que el liderazgo involucra el servicio; no siempre es una cosa glamorosa.

La sección II trata sobre el nivel de energía que se requiere para ser un líder en el trabajo con los jóvenes. Una persona con poca energía o resistencia tendrá problemas con un programa de alta energía.

La pregunta 2 trata sobre la calidad esencial de compromiso y dedicación. Asegúrate de marcar el compromiso que estás pidiendo que hagan tus ayudantes. Sé flexible, siempre podrás escoger la «opción» de la persona.

La pregunta 3 se enfoca en el ejemplo y testimonio personal del trabajador. Dios quiere siervos que ejemplifiquen la verdad.

La pregunta 4 habla del otro lado de la moneda del liderazgo; la habilidad de recibir órdenes y someterse a otros.

La pregunta 5 hecha un vistazo al sentido común de la persona. Esta es la habilidad de discernir una solución sencilla y llevarla a cabo.

La pregunta 6 trata sobre la autodisciplina: la habilidad de hacer lo que se necesita o se debe hacer, aunque no lo quieras hacer.

La pregunta 7 trata sobre la habilidad de permanecer calmado bajo presión. Todos los líderes necesitan ser personas «cool», es decir, deben ser capaces de refrenar conductas impulsivas o demasiado emocionales.

La pregunta 8 considera la lealtad hacia la organización, el grupo y el programa. Un líder pierde el respeto y la utilidad cuando él o ella pelean en contra del programa o del liderazgo.

La pregunta 9 observa el problema que es ocasionado por los líderes que desean ser independientes.

La pregunta 10 trata de la habilidad de llevar claramente el mensaje a otros. Mientras mejor se comunique el líder, mejor será su liderazgo. Gran parte de la habilidad de comunicarse es aprendida a través de la experiencia.

La pregunta 11 se enfoca en la creatividad. Si no lo podemos hacer de una manera, debemos hacerlo de otra. El saber encontrar otra forma es creatividad.

La pregunta 12 habla de ser enseñable; el deseo y la habilidad de desarrollarse y ser flexible. La enseñanza viene en una variedad de formas y tamaños: la crítica que otros nos hacen, los errores que cometemos, las sesiones de clase en las que nos sentamos. Todas son oportunidades de aprender y crecer.

¿CUÁNTO SABES SOBRE TU FE?

1. Debes ser bautizado para ser cristiano.
___ Sí ___ No

2. La mejor definición de gracia es: (Marca una)
___ Una oración hecha a la hora de comer
___ Algo amable, gentil y dulce
___ Obtener algo que no mereces
___ La comprensión y compasión de Dios

3. No puedes estar seguro de que en realidad eres salvo hasta el día del juicio.
___ Sí ___ No

4. La palabra «trinidad» se encuentra en la Biblia.
___ Sí ___ No

5. Jesús existía antes de que naciera en Belén.
___ Sí ___ No

6. La mejor definición de arrepentimiento es: (Marca una)
___ Estar triste por algo que hiciste mal
___ Girar y seguir por otro camino
___ Restituir todo lo que has hecho mal
___ Decirle a Dios lo triste que estás de una forma abierta y emocional

7. La blasfemia contra el Espíritu Santo es el único pecado que no puede ser perdonado.
___ Sí ___ No

8. La Biblia prohíbe a los cristianos beber bebidas alcohólicas.
___ Sí ___ No

9. Una persona puede ser seguidora tanto de Cristo como de Buda.
___ Sí ___ No

10. Un ministro o misionero está más cerca de Dios que los cristianos «comunes».
___ Sí ___ No

11. Si una persona fue tan mala como Hitler, pero finalmente le pidió a Cristo con sinceridad que fuera su Señor, esa persona se va al cielo.
___ Sí ___ No

12. Nadie ha visto a Dios el Padre.
___ Algunos sí ___ Nadie lo ha visto

13. Jesús era 100% hombre y 100% Dios.
___ Sí ___ No

14. Todas las personas han nacido con la mancha del pecado sobre ellos.
___ Sí ___ No

15. Las personas llegan a ser ángeles cuando mueren.
___ Sí ___ No

16. Jesús fue llevado a Egipto cuando era niño.
___ Sí ___ No

17. Tres hombres sabios visitaron a Cristo después que nació.
___ Sí ___ No

18. Se sabía que Jesús se enojaba.
___ Sí ___ No

19. Después de su muerte y resurrección, ¿por cuánto tiempo se le apareció Jesús a la gente antes de que ascendiera al cielo? (Circula una)
3 días / 20 días / 40 días / 50 días

CÓMO USAR

¿Cuánto sabes sobre tu fe?

¿Tienen tus estudiantes un conocimiento bueno y básico de la verdad bíblica? Si no lo tienen, ¡será muy difícil que hagan bien este cuestionario! Y esta será tu señal para implementar un programa de discipulado o una serie de estudios bíblicos para abordar la necesidad.

Actividades sugeridas para el salón

Después que el grupo haya terminado el cuestionario, revisa las respuestas que sean correctas una a una. Es una buena idea pedirles a tus estudiantes que te den ejemplos que apoyen sus respuestas. Por ejemplo, si alguno dice que Jesús sí se enojaba (pregunta 18), pídele un ejemplo (como en Juan 2). Esto ayudará a eliminar a los jóvenes que solo están adivinando. Algunas preguntas podrán desatar una discusión o te permitirán explicar o hacerte extender con información adicional.

Esta es otra manera de revisar las respuestas: Organiza un juego de «Buscando la Escritura» presentando las Escrituras listadas en la parte de abajo. Forma dos equipos y siéntalos uno en cada lado del salón. Di la Cita. La primera persona que la encuentre en la Biblia se pone de pié y lee le pasaje. Él o ella escogen a una persona del otro equipo para que salga del juego. El primer equipo que elimine a los jugadores del otro es el ganador.

Pensando en las preguntas

Pregunta 1: No. El ladrón en la cruz no fue bautizado (ver Lucas 23:39-43).
Pregunta 2: Obtener algo que no mereces (ver Efesios 1:7-8).
Pregunta 3: Sí puedes (ver 1 Juan 5:11-12).
Pregunta 4: No.
Pregunta 5: Sí (ver Juan 8:56-58).
Pregunta 6: Girar y seguir por otro camino.
Pregunta 7: Sí (ver Mateo 12:31).
Pregunta 8: No (ver 1 Timoteo 5:23).
Pregunta 9: No (ver Juan 14:6; Hechos 4:12).
Pregunta 10: No, no necesariamente.
Pregunta 11: Sí. Por ejemplo, el ladrón en la cruz (ver Lucas 23:39-43) y el apóstol Pablo (ver Hechos 9:1-2).
Pregunta 12: Nadie lo ha visto (ver 1 Timoteo 6:15-16).
Pregunta 13: Sí (ver Juan 1:1,14; Filipenses 2:5-7; Hebreos 2:14).
Pregunta 14: Sí (ver Romanos 5:12,19).
Pregunta 15: No. La escritura nunca lo ha indicado.
Pregunta 16: Sí (ver Mateo 2:13-15).
Pregunta 17: No. El número jamás ha sido dado.
Pregunta 18: Sí (ver Juan 2:14-16).
Pregunta 19: Cuarenta días (ver Hechos 1:3).

CAMPERO FELIZ

Edad ___ Hombre ___ Mujer ___

1. ¿Has venido a algún campamento nuestro antes?
___ Sí ___ No

2. ¿Quisieras quedarte en este campamento más tiempo?
___ Sí ___ No

3. ¿Cómo estuvo la comida?
___ Excelente ___ Buena ___ Más o menos ___ Mala

4. ¿Te gustaron las actividades? (deportes, juegos y cosas así)
___ Excelentes ___ Buenas ___ Más o menos ___ Malas

5. ¿Participaste en la mayoría de las actividades?
___ Sí ___ No

6. ¿Te gustaron las instalaciones del campamento?
___ Excelentes ___ Buenas ___ Más o menos ___ Malas

7. ¿Te gustó el lugar en donde dormiste?
___ Excelente ___ Bueno ___ Más o menos ___ Malo

8. ¿Te gustó tu consejero?
___ Excelente ___ Bueno ___ Más o menos ___ Malo

9. ¿Aprendiste de los devocionales?
___ Sí ___ No

10. ¿Cómo calificarías al conferencista principal?
___ Excelente ___ Bueno (a) ___ Más o menos ___ Malo (a)

11. ¿Cómo calificarías los talleres a los que asististe?
___ Excelentes ___ Buenos ___ Más o menos ___ Malos

12. ¿Qué pensaste con respecto a las reglas?
___ Demasiadas ___ No suficientes ___ Perfectas

13. ¿Qué actividad te gustó más?

14. ¿Qué actividad te gustó menos?

15. ¿Qué reunión te gustó más?

16. ¿Qué reunión te gustó menos?

17. ¿Invitaste a algunos amigos a venir al campamento este año?
___ Sí ___ No

18. ¿Piensas que hubo demasiado tiempo libre?
___ Sí ___ No

19. ¿Te aburriste?
___ Sí ___ No

20. ¿Piensas que habían demasiadas cosas que hacer?
___ Sí ___ No

21. ¿Te hubiera gustado más tiempo libre?
___ Sí ___ No

22. ¿Cómo valorarías la música?
___ Excelente ___ Buena ___ Más o menos ___ Mala

23. Si hay algo que pudieras añadir o quitar de la música, ¿qué sería?

24. ¿Les gustó el campamento a tus amigos este año?
___ Sí ___ No

25. ¿Crees que a tu consejero le gustó el campamento?
___ Sí ___ No

26. ¿Planeas venir de nuevo el próximo año?
___ Sí ___ No
¿Por qué sí o por qué no?

27. ¿Hiciste alguna decisión espiritual en el campamento este año?
___ Sí ___ No
Si fue así, por favor describe tu decisión.

Campero feliz

¿Qué hace que un campamento sea una experiencia exitosa? Puede ser desde cosas pequeñas como buena comida hasta cosas grandes como crecimiento espiritual. Utiliza este cuestionario para evaluar el éxito de tu último campamento de jóvenes. ¿Quiénes fueron al campamento? ¿Cuántos hicieron compromisos con Cristo? ¿Cómo fue recibido el conferencista principal? ¿Cómo se portaron tus consejeros? ¿Qué puede ser mejorado para el próximo campamento? Estas y otras preguntas te guiarán a tener cada vez más éxito.

Utiliza este cuestionario inmediatamente después de terminar un campamento.

Actividades sugeridas para el salón

Muestra el video del campamento o las fotos que tomaste durante el mismo; exhorta a los camperos a que hagan cartelones con fotos y leyendas chistosas para colgarlos en el salón; estimula a los estudiantes para que les escriban a otros que conocieron durante el campamento.

Pídeles a algunos camperos que particularmente fueron tocados por Dios que compartan sus experiencias.

Pensando en las preguntas

El campamento fue un éxito si tus camperos quieren quedarse más tiempo (pregunta 2) y desean regresar (pregunta 26).

Las preguntas 3-7 te proporcionan la apreciación de los camperos sobre la comida, las instalaciones y la diversión. Nota: La mejor manera de observar si los camperos disfrutaron la comida en el campamento es revisar los botes de basura después de cada comida y observar cuánta tiraron y qué comida tiraron.

Las preguntas 8-11 te dirán si tus ayudantes tuvieron éxito en relacionarse con los camperos. Si los camperos tienen una actitud negativa hacia los consejeros (pregunta 8), debes observar si los consejeros también tuvieron actitudes negativas (pregunta 25).

Las actividades y la música se tratan en las preguntas 13-16 y 18-23.

La pregunta 27 es crítica. ¿Se acercaron tus camperos a Dios en el campamento? Como debes saber, las experiencias de los campamentos en las montañas pueden disiparse rápidamente en la cruda realidad de la rutina normal de la vida. Enfoca tu atención en aquellos jóvenes que hicieron compromisos, algunas de esas decisiones durarán toda la vida.

CONSEJERO FELIZ

Nombre _______________ Fecha ______

1. ¿Fue el nuestro un buen campamento para ti?
___ Sí ___ No

2. ¿Fue bueno para tus camperos?
___ Sí ___ No

3. ¿Cómo evaluarías la cabaña de tus jóvenes? (Circula uno)
Grandiosa / Buena / Hiperactiva / Floja
Rebelde / Incontrolable

4. ¿Cuántos jóvenes estaban en tu cabaña?

5. ¿Cuántos, si es que hubo alguno, hicieron un compromiso de cualquier tipo con Cristo?

6. ¿Le diste los nombres de las personas que tomaron decisiones a tu líder de jóvenes?
___ Sí ___ No

7. ¿Cómo evaluarías las actividades y la diversión de este campamento?
Grandioso / Bueno / Más o menos / Pobre

8. ¿Qué tan bien se manejó la disciplina y el control?
Grandioso / Bueno / Más o menos / Pobre

9. ¿Cómo evaluarías al conferencista? (Circula uno)
Grandioso / Bueno / Más o menos / Pobre

10. ¿Qué tan bien se relacionó el conferencista con tus camperos? (Circula uno)
Grandioso / Bueno / Más o menos / Pobre

11. ¿Fue el conferencista un buen comunicador?
___ Sí ___ No ___ Sí, pero no para la edad de los camperos

12. ¿Qué tan relevante piensas que el conferencista fue con respecto al mundo de tus jóvenes? (Circula uno)
Demasiado / Algo / Para nada

13. ¿Fueron los talleres relevantes?
___ Sí ___ No

14. En tu opinión, ¿cómo estuvo el ritmo del campamento?
Demasiado rápido / Perfecto / Demasiado despacio / Aburrido

15. ¿Fueron las reglas y los reglamentos claramente establecidos y justos?
___ Sí ___ No

16. ¿Fueron las reglas y los reglamentos demasiado estrictos?
___ Sí ___ No

17. ¿Fueron las reglas y los reglamentos demasiado liberales?
___ Sí ___ No

18. ¿Estarías interesado en regresar a este campamento como consejero el próximo año?
___ Sí ___ No
¿Por qué sí o por qué no?

19. ¿Qué haría de este campamento un mejor campamento el próximo año?

Consejero feliz

Los consejeros de campamentos son los soldados, los que edifican amistades personales con los jóvenes. Sus opiniones con respecto a tu campamento pueden decirte mucho sobre qué tan bien estuvieron las cosas o cómo mejorarlas en el futuro.

Actividades sugeridas para el salón

Cuando tus consejeros se reúnan, cada uno debe compartir sus experiencias en el campamento, tanto buenas como malas. Asegúrate de conocer en detalle acerca de los jóvenes que tomaron decisiones y de aquellos que expresaron necesidades que tú debes tratar.

Pensando en las preguntas

La pregunta 1, que trata de las actitudes personales de los consejeros hacia el campamento, es una buena pregunta para comenzar alguna discusión. Pídele a cada uno que explique en detalle por qué disfrutaron o no varios aspectos del campamento. Toma notas para ayudarte a hacer los ajustes para tu próximo campamento.

La pregunta 3 es otra buena pregunta para una fructífera discusión. Pídeles a tus consejeros que te den ideas sobre lo que se puede hacer para motivar a los jóvenes que son flojos y para controlar a los que son hiperactivos.

¿DADOR O TOMADOR?

1. ¿Contribuyes con tu tiempo o energía en algún ministerio de la iglesia?
___ Sí ___ No ___ A veces

2. ¿Tratas de conocer a los nuevos jóvenes y los haces sentirse bienvenidos y parte del grupo?
___ Sí ___ No ___ A veces

3. ¿Buscas oportunidades para compartir el mensaje de Cristo con los jóvenes no cristianos?
___ Sí ___ No ___ A veces

4. ¿Tienes a alguien a quién estás tratando de discipular y ayudar a crecer como cristiano?
___ Sí ___ No
Si la respuesta es «Sí», ¿a quién?

5. ¿Ayudas a limpiar la iglesia en los días de trabajo, con el programa de niños o en alguna otra área donde se necesite?
___ Sí ___ No ___ A veces

6. ¿Das dinero para ayudar a la obra de Cristo a través de la iglesia?
___ Sí ___ No ___ A veces

7. ¿Das dinero a cualquier ministerio que ayude a los pobres?
___ Sí ___ No ___ A veces

8. ¿Utilizas alguna de tus destrezas o talentos para transmitir el mensaje de Cristo?
___ Sí ___ No ___ Quisiera pero no sé cómo

9. ¿Lees la Biblia por tu cuenta?
___ Sí ___ No ___ A veces

10. ¿Contribuyes con ideas o innovaciones para la obra de la iglesia?
___ Sí ___ No ___ A veces

11. ¿Esperas a que se te diga lo que se necesita hacer o tomas la iniciativa?
___ Espero ___ Tomo la iniciativa

12. ¿Haces de las reuniones con los creyentes una prioridad, o permites que otras cosas como el trabajo, los amigos, la escuela, los deportes y el juego a veces te estorben?
___ Prioridad principal ___ No es lo principal

13. ¿Expresas gratitud y aprecio a aquellos que hacen cosas por ti?
___ Sí ___ No ___ A veces

14. ¿Oras por el liderazgo de la iglesia y por aquellos que trabajan con los jóvenes de tu grupo?
___ Sí ___ No ___ A veces

15. Después de haber llenado este cuestionario, ¿crees que eres más un «dador» o un «tomador» en el cuerpo de Cristo?
___ Dador ___ Tomador ___ No estoy seguro

Ahora regresa y circula las áreas en las que te gustaría trabajar para cambiarlas.

¿Dador o tomador?

Este cuestionario está diseñado para ayudar a tus estudiantes a evaluar cuánto están contribuyendo para la vida de la iglesia. Los incitará a tener un compromiso más profundo y a tomar acción. Utilízalo con los creyentes.

Actividades sugeridas para el salón

Este cuestionario puede ser parte de una lección sobre el servicio, no ser egoísta, o la fe y las obras. Utilízalo como una introducción ante una oportunidad de servir o ser parte de un ministerio dadivoso. Aplícalo para que se den cuenta de las oportunidades de servicio que la iglesia tiene disponibles. Inscribe a los jóvenes interesados.

Pensando en las preguntas

¿Está alguno de tus estudiantes trabajando en evangelismo o en discipulado? Estos temas se cubren en las preguntas 2, 3, 4 y 8.

Las preguntas 1, 5 y 12 tratan sobre el servicio de la iglesia en general.

Las preguntas 6 y 7 indagan sobre dar dinero para apoyar a diferentes ministerios.

El estudio bíblico, la convivencia y la oración están cubiertos en las preguntas 9, 12 y 14.

Las preguntas 10 y 13 revelan la actitud de un estudiante, ya sea que apoye o critique, aprecie o no.

Al final del cuestionario se instruye a los estudiantes a regresar y circular cualquier área en la que quieran trabajar para cambiarla. Esto les dará un momento para pensar sobre cómo ellos mismos pueden comprometerse más profundamente con el trabajo de la iglesia.

CONEXIÓN CON LA IGLESIA

1. Voy al servicio de nuestra iglesia. (Circula uno)
Seguido / A veces / Rara vez / Nunca

2. Mi papá va al servicio de nuestra iglesia. (Circula uno)
Seguido / A veces / Pocas veces / Nunca

3. Mi mamá va al servicio de nuestra iglesia. (Circula uno)
Seguido / A veces / Pocas veces / Nunca

4. Mi papá y mi mamá tienen alguna responsabilidad o están en alguna posición de liderazgo en la iglesia.
___ Sí ___ No

5. Tengo que sentarme con mis padres en la iglesia.
___ Sí ___ No

6. Tengo que ir al servicio de nuestra iglesia, particularmente yo no quiero.
___ Sí ___ No

7. Tomo la Santa Cena en la iglesia.
___ Sí ___ No

8. Voy al servicio de otra iglesia. (Circula uno)
Seguido / A veces / Pocas veces / Nunca

9. En mi vida cristiana, el servicio de la iglesia es: (Circula uno)
Muy importante / Poco importante / Nada importante

10. La música en el servicio de nuestra iglesia es: (Circula uno)
Grandiosa / Animada / Buena / Para viejitos
Aburrida

11. Los mensajes que se dan en el servicio de nuestra iglesia son: (Circula uno)
Grandiosos / Bastante buenos / Buenos / No entiendo nada / Aburridos

12. Yo diría que el servicio de nuestra iglesia es: (Circula uno)
Brutal y emocionante / Impredecible / Informal / Perfecto para mí / Tradicional / Formal / Largo y aburrido

13. El santuario de nuestra iglesia o donde nos reunimos es: (Circula uno)
Nuevo y moderno / Precioso / Limpio
Bonito / Invitador / Cálido / Funcional
Impersonal / Viejo / Horrible

14. Los adultos de nuestra iglesia parecen ser: (Circula uno)
Amigables / Sabios / Viejos / Distantes

15. Los adultos de nuestra iglesia hacen de los jóvenes que van al servicio una alta prioridad.
___ Sí ___ No

16. Los jóvenes o adultos jóvenes tienen la oportunidad de participar en el servicio de la iglesia.
___ Frecuentemente ___ Ocasionalmente
___ Nunca

17. Si yo invitara a uno de mis amigos al servicio de nuestra iglesia, él o ella lo disfrutaría.
___ Sí ___ No ___ En ciertas ocasiones

18. Yo vendría a la iglesia más seguido si:

CÓMO USAR
Conexión con la iglesia

En alguna ocasión se nos preguntó: «¿Por qué los jóvenes no van al servicio de la iglesia?». Necesitamos las respuestas correctas. Este cuestionario te dará una perspectiva honesta de lo que les gusta y lo que no les gusta a tus jóvenes sobre el servicio de tu iglesia.

Cuando los cuestionarios sean llenados, trata de observar si existe alguna tendencia o patrón y toma acción. Si el liderazgo de la iglesia quiere que los jóvenes apoyen en la alabanza, esto podrá significar que debes hacer los cambios necesarios para que los jóvenes se interesen.

Un cuestionario como este se debe aplicar de manera regular.

Actividades sugeridas para el salón

Cuando estés listo para comenzar, presenta el tema diciendo algo como: «Este cuestionario nos hará saber lo que piensas del servicio de nuestra iglesia. ¿Podremos hacer que los servicios de nuestra iglesia sean más atractivos para los jóvenes? Tus respuestas nos ayudarán a saber cómo».

Una lección sobre la iglesia podrá ser buena, utilizando los resultados del cuestionario como la base para tu estudio. Consulta con los líderes de la iglesia para aprender sobre la historia detrás de las tradiciones que incorporan la alabanza. Que tu pastor venga y hable sobre la visión de la iglesia y el lugar que tienen los jóvenes dentro de esa visión.

Pensando en las preguntas

Las preguntas 1-9 te harán saber si un joven está fuerte o débilmente involucrado en la vida de la iglesia. Dale más peso a aquellos que estén fuertemente involucrados.

La música, las conferencias, la atmósfera durante el servicio y la naturaleza del lugar en donde se realiza se cubren en las preguntas 10-13. Estas son esencialmente importantes en la impresión que hace el servicio. Existen dos cosas que pueden hacerse para mejorar los puntos débiles: Puedes influenciar a aquellos que logran hacer cambios en el servicio (mostrándoles estos cuestionarios) y puedes ayudar a tus jóvenes a entender más claramente por qué las cosas se realizan de una manera determinada.

Las preguntas 14-17 tratan sobre las relaciones entre los adultos y los jóvenes en la iglesia. ¡Sé un porrista de tus jóvenes! Anima a tu liderazgo a lograr que los jóvenes sean una parte importante dentro de la visión de la iglesia.

Toma nota en particular de la pregunta 18. ¿Cómo sería más atractivo el servicio de tu iglesia para los jóvenes?

MIS PUNTOS FUERTES Y DÉBILES

Nombre (opcional) ______________________________

MIS POSIBLES FORTALEZAS

1. Tengo buena personalidad.
___ Sí ___ No ___ Más o menos

2. Me gusta la gente.
___ Sí ___ No ___ Más o menos

3. Me gusta trabajar; me gusta que las cosas se hagan.
___ Sí ___ No ___ Más o menos

4. Siento que soy líder; me gusta dirigir; la gente me sigue.
___ Sí ___ No ___ Más o menos

5. Cuando comienzo algo, por lo general lo termino.
___ Sí ___ No ___ Más o menos

6. Puedo cantar o tocar un instrumento musical bastante bien.
___ Sí ___ No ___ Más o menos

7. Soy un pensador; mi mente es buena; pienso las cosas bien.
___ Sí ___ No ___ Más o menos

8. Me gusta el arte; me gusta dibujar o pintar.
___ Sí ___ No ___ Más o menos

9. Soy atlético; me gustan los deportes y las actividades al aire libre
___ Sí ___ No ___ Más o menos

10. Me gusta actuar la comedia, el drama, etc.
___ Sí ___ No ___ Más o menos

11. Me gusta trabajar con mis manos; me gusta construir cosas.
___ Sí ___ No ___ Más o menos

MIS POSIBLES DEBILIDADES

1. Tengo un temperamento explosivo
___ Sí ___ No ___ Más o menos

2. A veces presumo y manipulo la verdad a mi favor
___ Sí ___ No ___ Más o menos

3. Me pongo celoso con facilidad.
___ Sí ___ No ___ Más o menos

4. Tengo la tendencia a ser engañoso con verdades que no son placenteras.
___ Sí ___ No ___ Más o menos

5. Soy rencoroso.
___ Sí ___ No ___ Más o menos

6. Con frecuencia veo la parte negativa.
___ Sí ___ No ___ Más o menos

7. Soy flojo; me gustar sentarme y observar.
___ Sí ___ No ___ Más o menos

8. Tiendo a criticar y a hablar mal de la gente.
___ Sí ___ No ___ Más o menos

9. Me es difícil mantener mi palabra.
___ Sí ___ No ___ Más o menos

10. Me gusta tardarme, siempre dejo todo para lo último
___ Sí ___ No ___ Más o menos

CÓMO USAR
Mis puntos fuertes y débiles

Conocer las fortalezas y debilidades de tus jóvenes puede ser de gran beneficio. Ubicar a las personas en posiciones que les permitan utilizar sus fortalezas y dones significa que el trabajo se hace más rápido y mejor. Poner a los obreros a trabajar, a los artistas a crear arte y a los líderes en el liderazgo tiene sentido. Pero, ¿cómo sabemos a quién le gusta en verdad trabajar, hacer cartelones o dirigir? ¡Ahí es donde este cuestionario te puede ayudar!

Actividades sugeridas para el salón

Presenta el tema de las fortalezas y debilidades discutiendo algunas de las tuyas. Diles cómo tu actitud personal ha influenciado en las áreas de tu ministerio.

Muestra a tus estudiantes un rompecabezas. Descríbeles cómo cada pieza es diferente pero esencial para toda la imagen, de la misma forma los jóvenes en tu grupo tienen diferentes dones y talentos que, al unirlos, hacen un grupo cristiano poderoso.

Pensando en las preguntas

Cuando los cuestionarios sean llenados, relaciona cada fortaleza de cada estudiante con las áreas de ministerio en tu iglesia. Por ejemplo, conecta a los actores y comediantes (pregunta 10) con un grupo que ponga algo en escena.

Las debilidades que descubrirás te ayudarán a confeccionar los mensajes y a disponer del tiempo personal con los jóvenes para que estas necesidades puedan ser tratadas. Existen diez debilidades que se relacionan aquí, ¡son suficientes para diez mensajes!

UN FUERTE VISTAZO HACIA ADENTRO

Nombre (opcional) ______________________________

Evalúate a ti mismo en cada una de las siguientes áreas circulando el número apropiado. (1 = Débil, 10 = Fuerte)

1. Mi compromiso con Cristo es:
1 / 2 / 3 / 4 / 5 / 6 / 7 / 8 / 9 / 10

2. Mi obediencia a Cristo y su palabra es:
1 / 2 / 3 / 4 / 5 / 6 / 7 / 8 / 9 / 10

3. Mi ejemplo en público como cristiano es:
1 / 2 / 3 / 4 / 5 / 6 / 7 / 8 / 9 / 10

4. Mi diligencia en leer la Biblia es:
1 / 2 / 3 / 4 / 5 / 6 / 7 / 8 / 9 / 10

5. Mi buena voluntad de servir a la iglesia es:
1 / 2 / 3 / 4 / 5 / 6 / 7 / 8 / 9 / 10

6. Mi vida moral privada es:
1 / 2 / 3 / 4 / 5 / 6 / 7 / 8 / 9 / 10

7. Mi integridad (honestidad) es:
1 / 2 / 3 / 4 / 5 / 6 / 7 / 8 / 9 / 10

8. Mi forma de hablar es:
1 / 2 / 3 / 4 / 5 / 6 / 7 / 8 / 9 / 10

9. Mi conocimiento de las cosas espirituales es:
1 / 2 / 3 / 4 / 5 / 6 / 7 / 8 / 9 / 10

10. Mi vida de oración es:
1 / 2 / 3 / 4 / 5 / 6 / 7 / 8 / 9 / 10

11. Mi compromiso con el grupo de jóvenes es:
1 / 2 / 3 / 4 / 5 / 6 / 7 / 8 / 9 / 10

12. Mi asistencia a la iglesia es:
1 / 2 / 3 / 4 / 5 / 6 / 7 / 8 / 9 / 10

13. Mi lealtad a este cuerpo de creyentes es:
1 / 2 / 3 / 4 / 5 / 6 / 7 / 8 / 9 / 10

14. Mi deseo de servir a Dios con mi vida es:
1 / 2 / 3 / 4 / 5 / 6 / 7 / 8 / 9 / 10

15. Mi sentir de tener una vida llena de propósito es:
1 / 2 / 3 / 4 / 5 / 6 / 7 / 8 / 9 / 10

16. Mis prioridades, comparadas con las prioridades de Dios son:
1 / 2 / 3 / 4 / 5 / 6 / 7 / 8 / 9 / 10

17. Mi buena voluntad de ser un ejemplo para un cristiano nuevo es:
1 / 2 / 3 / 4 / 5 / 6 / 7 / 8 / 9 / 10

18. El uso de mis talentos y recursos para Cristo es:
1 / 2 / 3 / 4 / 5 / 6 / 7 / 8 / 9 / 10

19. Mi amor por aquellos que son diferentes o no atractivos es:
1 / 2 / 3 / 4 / 5 / 6 / 7 / 8 / 9 / 10

20. Mi buena voluntad de evitar ser parte de una pandilla es:
1 / 2 / 3 / 4 / 5 / 6 / 7 / 8 / 9 / 10

CÓMO USAR

Un fuerte vistazo hacia adentro

Utiliza este cuestionario cuando quieras que tus jóvenes se enfoquen en lo bien (o mal) que están viviendo según los preceptos de la fe cristiana. Es serio en su naturaleza y debe ser seguido por un reto a ser excelentes en el vivir cristiano.

Ten en cuenta que algunos jóvenes tienden a evaluarse falsamente más bajo, mientras que otros tienden a exagerar sus logros. En vez de comparar una hoja de respuestas con otra, observa cómo percibe cada individuo sus fortalezas y debilidades.

Actividades sugeridas para el salón

Este cuestionario puede ser el punto de partida para iniciar una reunión de oración. Cada pregunta expone un tema por el cual cada estudiante puede orar.

Las preguntas abordan temas esenciales para la salud espiritual de un cristiano. Puedes comenzar a rodar la pelota discutiendo cómo las personas mantienen su salud física (con una dieta apropiada, ejercicio apropiado y descanso). Compara estos pasos con mantener la salud espiritual de uno.

Pensando en las preguntas

Las preguntas se dividen en dos categorías. Las que tratan con las actitudes (preguntas 14, 15, 17 y otras) y las que tratan con las acciones (preguntas 4, 8, 11 y otras). Ambas son importantes por igual, pero los jóvenes con frecuencia piensan de la vida cristiana solo en términos de comportamiento. Es una buena idea desarrollar una serie de mensajes que enfaticen la importancia de las cualidades internas del grupo. De cualquier forma, tienes veinte temas importantes de dónde escoger.

CÓMO UTILIZO MI DÍA

1. ¿A qué hora te levantas cuando tienes que ir a la escuela?

¿A qué hora te acuestas?

2. ¿A qué hora te levantas los fines de semana o en las vacaciones?

¿A qué hora te acuestas?

3. Escribe el número aproximado de horas que pasas haciendo las siguientes cosas durante un día de escuela típico (redondéalo a la siguiente media hora):

___ Durmiendo
___ Haciendo tarea
___ Devocional
___ Llamadas por teléfono
___ Tareas en la casa
___ Tiempo con la familia
___ Escuela
___ Trabajo
___ Comiendo
___ Deportes
___ Pasando tiempo con amigos
___ Practicando música, danza, etc.
___ Viajando
___ De compras
___ Actividades de la iglesia
___ Escuchando música
___ Leyendo
___ Viendo la televisión, videos, películas
___ Arreglándote (bañándote, vistiéndote, etc.)
___ Otra cosa

4. ¿Cuántas horas de tu tiempo libre tienes en un día en el que vas a la escuela?

5. Escribe el número aproximado de horas que pasas haciendo las siguientes cosas durante un fin de semana típico o en un día de vacaciones (redondéalo a la siguiente media hora):

___ Durmiendo
___ Haciendo tarea
___ Devocional
___ Llamadas por teléfono
___ Tareas en la casa
___ Tiempo con la familia
___ Escuela
___ Trabajo
___ Comiendo
___ Deportes
___ Pasando tiempo con amigos
___ Practicando música, danza, etc.
___ Viajando
___ De compras
___ Actividades de la iglesia
___ Escuchando música
___ Leyendo
___ Viendo la televisión, videos, películas
___ Arreglándote (bañándote, vistiéndote, etc.)
___ Otra cosa

6. ¿Cuántas horas de tiempo libre tienes en un fin de semana o cuando estás de vacaciones?

7. ¿Cuál de las siguientes declaraciones se acomoda más a ti? (Marca una)

___ No tengo suficiente tiempo para hacer todas las cosas que quiero
___ Siento que tengo un buen balance entre el trabajo, la recreación, la escuela y el relajamiento
___ Con frecuencia me siento aburrido y no tengo mucho que hacer que sea divertido

8. ¿Si tuvieras más tiempo libre, cómo lo pasarías?

9. ¿Pasas algo de tu tiempo libre haciendo actividades de servicio para la iglesia, el grupo de jóvenes, la gente pobre, las misiones o algo así?

___ Sí ____ No

10. ¿Cuántas horas de las que estás despierto las pasas como tiempo a solas o en silencio cada día?

11. ¿Considerarías que el tiempo que se pasa en los video juegos es una pérdida de tiempo?

___ Sí ___ No

¿Por qué sí o por qué no?

12. ¿Cómo valorarías el uso de tu tiempo? (Marca una)

___ Utilizo mi tiempo provechosamente
___ A veces termino las cosas y a veces desperdicio el tiempo
___ Le doy demasiadas vueltas al asunto

Cómo utilizo mi día

¿Cómo pasan las horas tus estudiantes? Pensarán en esta pregunta conforme trabajen con el cuestionario. Tendrán la oportunidad de considerar los principios de una buena mayordomía del tiempo. Una ganancia extra es que la información te ayudará a programar eventos semanales o planear un calendario para las actividades de los jóvenes.

Cuando estés listo para comenzar el cuestionario, diles a tus estudiantes que escriban los tiempos lo más exactos que puedan.

Actividades sugeridas para el salón

Este cuestionario puede dar inicio a un estudio bíblico o a una lección sobre la administración del tiempo, la autodisciplina, la flojera y otros temas relacionados.

Un reloj es una gran ayuda visual cuando se habla de la importancia del tiempo. También lee Efesios 5:15-16.

Para concluir con el tiempo de la clase, haz que los estudiantes consideren las áreas en las que pueden reducir el tiempo desperdiciado para darle más lugar a un devocional.

Pensando en las preguntas

Después que los estudiantes trabajen con las preguntas 3 y 5, deben observar si sus días suman veinticuatro horas. ¡Si no es así, tus estudiantes están demasiado ocupados o demasiado indisciplinados!

La pregunta 8 con seguridad podrá ser contestada con poca honestidad, los estudiantes querrán creer que harían más cosas buenas cuando en realidad ellos querrían ver más televisión. Adviérteles que deben contestar esta pregunta de manera cuidadosa y exacta.

La pregunta 9 te da una idea de quién está activo en el servicio cristiano y quién necesita un cambio de prioridades.

La pregunta 10 podría haber sido contestada de forma muy diferente un par de generaciones atrás. El tiempo en silencio puede ser un elixir maravilloso, pero muy pocos jóvenes toman ventaja de él. Anima a tus estudiantes a experimentar estar solos y en silencio con Dios.

Compara la respuesta de cada estudiante a la pregunta 12 con el resto de sus respuestas. ¿Son iguales? Si no, un mensaje o dos sobre la verdadera importancia de las cosas en la vida y cuándo las cosas no son importantes podrá ser provechoso.

LA AUTODISCIPLINA Y YO

Marca una respuesta para terminar cada declaración

1. Viéndome a mí mismo:

___ Creo que tengo muy buen autocontrol.
___ Tengo algunos problemas con el autocontrol.
___ No tengo autocontrol.

2. Mi habilidad para controlarme a mí mismo:

___ Con frecuencia es afectada por mi estado de ánimo y mis sentimientos.
___ Usualmente no es afectada por mi estado de ánimo y mis sentimientos.

3. Cuando trabajo en algún proyecto:

___ Casi siempre termino lo que comienzo.
___ A veces termino lo que comienzo.
___ Nunca termino lo que comienzo.

4. Cuando doy mi palabra:

___ La mantengo.
___ Trato de mantenerla.
___ La mantengo si es conveniente.

5. Cuando digo que estaré en algún lugar en cierto tiempo:

___ Hago lo posible por llegar a tiempo.
___ Con frecuencia llego un poco tarde.
___ Con frecuencia incomodo a otros por llegar muy tarde.

6. Mi comportamiento:

___ Pocas veces es afectado por mis estados de ánimo.
___ En ocasiones es afectado por mis estados de ánimo.
___ Con frecuencia es afectado por mis estados de ánimo.

7. Cuando encuentro algo retador que quiero hacer:

___ Comienzo a planear y a trabajar hacia esa meta.
___ Sueño despierto sobre lo que sería hacerlo pero rara vez lo hago.

8. En mi casa:

___ Acepto la responsabilidad de las tareas que me corresponden y no necesito que me recuerden que las tengo que hacer.
___ Mis padres tienen que recordarme para que yo haga mi trabajo.
___ Mis padres tienen que regañarme y disciplinarme para obtener mi ayuda.

9. En lo que se refiere a honestidad:

___ Digo la verdad aunque pueda ser difícil a veces.
___ Digo la verdad a menos que hiera los sentimientos de otra persona.
___ Digo la verdad mientras que no me meta a mí o a uno de mis amigos en problemas.
___ Seamos sinceros, básicamente soy deshonesto.

La autodisciplina y yo

La autodisciplina es difícil para muchos jóvenes así como lo es para muchos adultos también. Esta evaluación sencilla ayudará a tus estudiantes a ver qué tan bien son capaces de aplicar el autocontrol y la disciplina a varias áreas de sus vidas.

Algunos jóvenes podrán encontrar desalentadores los resultados de un cuestionario como este. Asegúrate de señalar que la autodisciplina es una meta que va más allá del alcance de cualquiera. El hecho de que fallemos no significa que nos debemos rendir. Al contrario, debemos trabajar para crecer en las áreas de nuestras deficiencias.

Actividades sugeridas para el salón

Para comenzar con la clase, habla sobre las muchas maneras en las que un atleta conocido tiene que ejercitar la disciplina para poder llegar a ser un campeón (escoge algún deporte que tus estudiantes disfruten). Señala que para vivir una vida exitosa, una persona tiene que aplicar los principios de la autodisciplina.

Para concluir el tiempo de la clase, puedes crear oportunidades para ayudar a tus estudiantes a fortalecer sus músculos de autodisciplina. Esto se hace mejor por pulgadas en vez de millas. Por ejemplo, si un estudiante en verdad quiere pasar más tiempo leyendo la Biblia, puede ejecutarse un plan para leer uno o dos pasajes cortos al día por un período de tiempo. Si el joven tiene éxito, él o ella podrán alcanzar un nivel más alto de compromiso en la lectura de la Biblia. Este tipo de plan es más útil cuando existe otra persona actuando como alentador y entrenador.

Pensando en las preguntas

Las preguntas 1 y 2 tratan sobre el autocontrol. ¿Cuál es la diferencia entre el autocontrol y la autodisciplina? El autocontrol significa ejercitar control sobre las emociones, los deseos y las acciones de uno, mientras que la autodisciplina habla más de entrenarse a uno mismo por causa del desarrollo.

El resto de las preguntas se centran en áreas importantes del carácter (honestidad, seriedad, responsabilidad, etc.). Una persona que está haciendo las cosas bien en estas áreas es madura. Reta a tus estudiantes a considerar lo que sus respuestas les dicen sobre su nivel de madurez.

CÓMO TRATO A MIS PADRES

1. ¿Expresas gratitud frecuentemente por las cosas que tus padres hacen y proveen?
___ Sí ___ No ___ A veces

2. ¿Pides perdón a tus padres cuando haces o dices algo malo?
___ Sí ___ No ___ A veces

3. ¿Les hablas con respeto a tus padres?
___ Sí ___ No ___ A veces

4. ¿Están abiertas todas las áreas de tu vida para inspección?
___ Sí ___ No ___ A veces

5. ¿Evitas hacerles trucos o engañar a tus padres?
___ Sí ___ No ___ A veces

6. ¿Mantienes tu palabra con tus padres?
___ Sí ___ No ___ A veces

7. ¿Eres fiel haciendo lo que tus padres esperan que hagas?
___ Sí ___ No ___ A veces

8. ¿Vives una vida de la que tus padres se enorgullezcan?
___ Sí ___ No ___ A veces

9. ¿Haces tu parte de las tareas de la casa sin quejarte?
___ Sí ___ No ___ A veces

10. ¿En ocasiones les preguntas a tus padres si hay algo en lo que les puedas ayudar en casa?
___ Sí ___ No ___ A veces

11. ¿Haces cosas bonitas para tus padres a veces sin ningún motivo?
___ Sí ___ No ___ A veces

12. ¿Haces tu mejor esfuerzo en la escuela?
___ Sí ___ No ___ A veces

13. ¿Escuchas a tus padres cuando comparten sus consejos u opiniones?
___ Sí ___ No ___ A veces

14. ¿Les pides conejos a tus padres sobre decisiones grandes que tienes que tomar?
___ Sí ___ No ___ A veces

15. ¿Tratas de ponerte en el lugar de tus padres cuando ellos y tú no están de acuerdo?
___ Sí ___ No ___ A veces

16. ¿Intentas condescender con tus padres en vez de insistir en hacerlo a tu manera?
___ Sí ___ No ___ A veces

17. ¿Aceptas como respuesta un «no» sin discusiones?
___ Sí ___ No ___ A veces

18. ¿Tratas de mantener la paz en casa con tus hermanos y hermanas?
___ Sí ___ No ___ A veces

19. ¿Tratas las pertenencias de tus padres con cuidado?
___ Sí ___ No ___ A veces

20. ¿Devuelves pronto y en buenas condiciones las cosas que pediste prestadas de tus padres?
___ Sí ___ No ___ A veces

21. ¿Aceptas la responsabilidad si fallaste con tus padres?
___ Sí ___ No ___ A veces

22. ¿Demuestras sabiduría en la forma en la que manejas tu dinero?
___ Sí ___ No ___ A veces

23. ¿Aprovechas las oportunidades que tus padres te han provisto?
___ Sí ___ No ___ A veces

24. ¿Le pides a tus padres que oren contigo?
___ Sí ___ No ___ A veces

25. ¿Le das gracias a Dios por haberte dado los padres que tienes?
___ Sí ___ No ___ A veces

CÓMO USAR

Cómo trato a mis padres

Este cuestionario está diseñado como un indicador de la realidad de tus estudiantes sobre cómo se relacionan con sus padres. Los jóvenes podrán llegar a ser más sensibles hacia los problemas que les causan en ocasiones a sus padres.

Actividades sugeridas para el salón

Este cuestionario puede utilizarse como parte de una lección o un estudio bíblico. Puede aplicarse con el cuestionario de adultos de: *Cómo trato a mis hijos*, como parte de una noche de jóvenes y padres. Puede ser dado a los adultos así como a los jóvenes, comparando los resultados. Muchas de las preguntas pueden ofrecer un gran estímulo para discusión.

Pensando en las preguntas

Las preguntas 1-3 tratan sobre la forma en que los jóvenes les hablan a sus padres. Las palabras pueden construir o destruir.

Las preguntas 4-8 hablan de la honestidad y la confianza.

Las preguntas 9-12 ayudan a los estudiantes a observar su factor de flojera.

Las preguntas 15-18 tratan sobre las discusiones y cómo pueden ser manejadas o evitadas.

Las preguntas 19 y 20 giran alrededor de cómo tratar las pertenencias de otra persona.

El resto de las preguntas tratan de diferentes temas, incluyendo el enfoque espiritual en las preguntas 24 y 25.

CÓMO TRATO A MIS HIJOS

1. ¿Utilizas el mismo lenguaje que esperas que tus hijos utilicen?
___ Sí ___ No ___ A veces

2. ¿Evitas regañar y quejarte con tus hijos?
___ Sí ___ No ___ A veces

3. ¿Agradeces a tus hijos cuando hacen algo por ti?
___ Sí ___ No ___ A veces

4. ¿Ridiculizas la forma en la que se visten tus hijos o su gusto de la música que escuchan?
___ Sí ___ No ___ A veces

5. ¿Afirmas o alabas a tus hijos por lo que hacen bien, tanto como los criticas cuando hacen algo malo?
___ Sí ___ No ___ A veces

6. ¿Controlas tu temperamento?
___ Sí ___ No ___ A veces

7. ¿Evitas ventilar el enojo o la frustración de las presiones cotidianas sobre tus hijos?
___ Sí ___ No ___ A veces

8. ¿Evitas juzgar o disciplinar de prisa o durante el momento del enojo?
___ Sí ___ No ___ A veces

9. ¿Intentas hablar con amor de aquellos que te causan irritabilidad?
___ Sí ___ No ___ A veces

10. ¿Muestras tu afecto abiertamente a tus hijos?
___ Sí ___ No ___ A veces

11. ¿Tratas a todos tus hijos por igual?
___ Sí ___ No ___ A veces

12. ¿Evitas comparar a tus hijos negativamente con otros?
___ Sí ___ No ___ A veces

13. ¿Tratas a tus hijos como si confiaras en ellos?
___ Sí ___ No ___ A veces

14. ¿Pides perdón a tus hijos cuando has hecho algo incorrecto?
___ Sí ___ No ___ A veces

15. ¿Haces sentir a los amigos de tus hijos bienvenidos y aceptados en tu casa?
___ Sí ___ No ___ A veces

16. ¿Escuchas cuidadosamente a tus hijos cuando están hablando contigo?
___ Sí ___ No ___ A veces

17. ¿Demuestras honestidad y sinceridad frente a tus hijos?
___ Sí ___ No ___ A veces

18. ¿Guardas tus promesas a tus hijos?
___ Sí ___ No ___ A veces

19. ¿Demuestras integridad financiera y autocontrol frente a tus hijos?
___ Sí ___ No ___ A veces

20. ¿Evitas hábitos y acciones que no quieres que tus hijos imiten?
___ Sí ___ No ___ A veces

21. ¿Permites que tus hijos experimenten las consecuencias de sus errores sin cubrirlos?
___ Sí ___ No ___ A veces

22. ¿Evitas burlarte de la autoridad o la disciplina de tu esposa con tus hijos?
___ Sí ___ No ___ A veces

23. ¿Modelas una fuerte vida espiritual frente a tus hijos?
___ Sí ___ No ___ A veces

24. ¿Oras con tus hijos?
___ Sí ___ No ___ A veces

CÓMO USAR

Cómo trato a mis hijos

Como líder de jóvenes, has aprendido que no todos los papás son grandes ejemplos para que sus hijos los sigan. Este cuestionario está diseñado para alertar a los padres sobre varios principios importantes para ser buenos padres: el ánimo, el afecto, la vida espiritual, la disciplina y otros.

Se le da un mejor uso a este cuestionario cuando los padres se reúnen y hablan sobre las relaciones con sus adolescentes.

Actividades sugeridas para el salón

«Cómo trato a mis hijos» puede también aplicarse a los hijos (para ser llenado desde su perspectiva) y así puedes contrastar sus percepciones con las de sus padres.

Cuando trabajes con los adultos, provéeles recursos como libros que traten sobre ser padres y asuntos familiares. Un seminario para los padres con algún conferencista especial, como puede ser Wayne Rice, autor de *«Entendiendo a tu adolescente»*, sería buenísimo. (Para mayores informes comunícate al teléfono: (619) 561-9309.)

Pensando en las preguntas

Las preguntas 1-5 se enfocan en el lenguaje: ¿Qué es lo que los padres les dicen a sus hijos? ¿Existen groserías, regaños y burla; o afirmación, alabanza y aprecio?

Las preguntas 6-9 hablan del temperamento y la irritabilidad. Cada padre se enoja de vez en cuando, pero el enojo debe ser tratado de manera apropiada (ver Efesios 4:26-27).

Las preguntas 10-16 tratan sobre el afecto, la aceptación y la confianza.

Las preguntas 17-20 se centran en la demostración de honestidad y autocontrol de los padres.

La pregunta 22 expone un tema que puede causar un problema real en la familia: la disciplina. Es muy importante que los padres se pongan de acuerdo en cómo y cuándo la disciplina debe ser aplicada. Sería bueno tener a la mano el nombre de uno o dos buenos consejeros familiares en caso de que algún padre exprese preocupación sobre este tema.

Las preguntas 23 y 24 hablan del aspecto espiritual de ser padres. Este sería un buen momento para presentar el evangelio si tienes padres que no van a la iglesia.

MI PERSONALIDAD

1. Sonrío mucho.
___ Sí ___ No

2. Me gusta reír mucho.
___ Sí ___ No

3. La gente piensa que soy el payaso del salón.
___ Sí ___ No

4. Cuando la gente me saluda rápidamente soy amigable.
___ Sí ___ No

5. Soy tímido.
___ Sí ___ No

6. Si alguien me hace una broma, casi nunca me ofendo.
___ Sí ___ No

7. Soy buen escuchador; a la gente le gusta hablar conmigo.
___ Sí ___ No

8. Cuando hablo con la gente, siempre recuerdo y utilizo sus nombres.
___ Sí ___ No

9. La gente con frecuencia me pide consejos.
___ Sí ___ No

10. Cuando alguien me dice algo, ¡me cayo la boca!
___ Sí ___ No

11. Soy una persona leal; soy fiel con mis amigos.
___ Sí ___ No

12. Veo la importancia de hacer sentir a la gente especial y trato de hacer eso con otros.
___ Sí ___ No

13. Animo a otros:
___ Con frecuencia
___ A veces
___ Casi nunca

14. Hago sentir mal a la gente.
___ Sí ___ No

15. Le echo a otros la culpa de sus errores.
___ Sí ___ No

16. Soy una persona interesante.
___ Sí ___ No

17. Soy impulsivo.
___ Sí ___ No

18. Se me conoce como el que explota en enojo.
___ Sí ___ No

19. Tiendo a presumir:
___ Demasiado
___ En ocasiones
___ Casi nunca

20. Trabajo duro para alcanzar mis metas.
___ Sí ___ No

CÓMO USAR Mi personalidad

Un cuestionario sobre la personalidad siempre genera el interés de los estudiantes. Todos estamos interesados en saber cómo otros nos perciben. Este cuestionario selecciona las áreas más comunes en las que una personalidad sana se manifiesta y revela las áreas que pueden crear fricción con otros. ¡Una iglesia con jóvenes que poseen personalidades sanas tiene la clave para llegar a tener un grupo creciente y atractivo!

Existen tres usos básicos para este cuestionario: primero, hacer que tus jóvenes estén conscientes de su personalidad; segundo, hacerte consciente de cómo tus jóvenes perciben sus propias personalidades; tercero, proporcionarte una apertura natural para una lección o algún estudio bíblico sobre la necesidad de una personalidad sana y cómo desarrollarla.

Actividades sugeridas para el salón

Háblales sobre personalidades famosas y lo que las hace grandiosas. Que tus estudiantes consideren cómo los rasgos mencionados en el cuestionario señalan el camino hacia una personalidad agradable.

Para hacer un juego de adivinanzas, grita los rasgos de personalidad y que los estudiantes escojan los mejores ejemplos de esos rasgos de las personas del grupo. Estos rasgos necesitan ser positivos, como chistoso, generoso, amistoso, animador, leal y cosas así. Para evitar hacer sentir a alguien apartado, detén el juego después de que una pequeña fracción de jóvenes haya sido elegida, o que los líderes de los jóvenes y adultos escojan gritar los nombres de los estudiantes que por lo general son pasados por alto.

Pensando en las preguntas

Las preguntas están divididas en cinco áreas de personalidad: humor, introversión y extroversión, escuchar, animar y otros rasgos diferentes.

Las preguntas 1-3 exploran el «coeficiente activo» de una persona. Los jóvenes son atraídos hacia las personas que ven las cosas de forma positiva.

Las preguntas 4-6 tratan sobre la introversión o la extroversión. Es importante que cualquier grupo tenga ambos tipos de jóvenes. Los extrovertidos pueden ser líderes e iniciadores; los introvertidos pueden estar parados sobre la tierra, son formales y profundos. Dios utiliza a ambos tipos de jóvenes para hacer crecer su iglesia.

Las preguntas 7-10 le cuestionan a tus jóvenes: «¿Eres un buen escuchador?». El escuchar es una manera importante para hacer sentir a otros valorados y amados.

Las preguntas 11-15 pueden identificar a los estudiantes que saben cómo animar y edificar a otros. Un grupo que sobresale en esto crecerá.

Las preguntas 16-20 se enfocan en diferentes pero importantes rasgos de la personalidad.

¿QUÉ CON LA IGLESIA?

1. ¿Qué libro en la Biblia nos habla más sobre la primera iglesia? (Circula uno)
Génesis / Apocalipsis / Hechos / 1 Corintios / Isaías / Santiago

2. ¿En qué ciudad comenzó la primera iglesia? (Circula uno)
Roma / Galilea / Jordán / Belén / Jerusalén Jericó

3. ¿La primera iglesia se hizo básicamente con qué grupo de personas? (Circula uno)
Romanos / Judíos / Asiáticos / Europeos Griegos / Todos

4. ¿De qué denominación era la primera iglesia? (Circula uno)
Bautista / Metodista / Presbiteriano Católico / Luterano / Ninguna

5. ¿En dónde comenzó la primera iglesia? (Circula uno)
Una sala de juntas / Una campaña / Un servicio de Pascua / Una reunión de oración

6. ¿Cuál es la mejor definición de «iglesia»? (Circula uno)
Un edificio / Un lugar sagrado / Un grupo de personas / Una reunión

7. ¿Quién de los siguientes personajes dio el primer sermón a la primera iglesia? (Circula uno)
Juan / Felipe / Pablo / Pedro / David / Moisés

8. ¿Cuándo (aproximadamente) comenzó la primera iglesia? (Circula uno)
Hace 1010 años / Hace 3050 años / Hace 650 años / Hace 2000 años

9. ¿Cuáles dos de las siguientes personas perseguían a la iglesia primitiva? (Circula dos)
David / Saulo / Goliat / Nerón / Pilatos Faraón / Herodes

10. ¿Cuál de los siguientes títulos es el más común para la iglesia?
La gran reunión / Aquellos de la verdad / El cuerpo de Cristo

11. A tan solo unas cuantas horas de su inicio, ¿cuántos miembros tuvo la primera iglesia? (Circula uno)
Docenas / Cientos / Miles / Millones

12. Jesús predicó frecuentemente en la iglesia primitiva.
___ Sí ___ No

CÓMO USAR

¿Qué con la iglesia?

¿Tienen tus jóvenes un buen entendimiento de la iglesia: su significado, propósito e historia? ¡No! Bueno, probablemente no. Este cuestionario está diseñado para valorar qué tan bien tu grupo de jóvenes entiende la iglesia. Te mostrará lo básico que tus estudiantes deben aprender.

Actividades sugeridas para el salón

Este es un buen momento para comenzar con un estudio del libro de Hechos. También podrás enfatizar el propósito espiritual de la iglesia local. Más allá de los aspectos divertidos de un típico grupo de jóvenes, ese grupo tiene una razón dada por Dios para existir. El estudio de la Biblia, el evangelismo y el discipulado, y muchas cosas más son todos aspectos del propósito de tu grupo. Discute estos con tus jóvenes.

Pensando en las preguntas

Pregunta 1: Hechos.
Pregunta 2: Jerusalén.
Pregunta 3: Judíos.
Pregunta 4: Ninguno (prepárate para explicar por qué existen las denominaciones).
Pregunta 5: Reunión de oración (¿está tu grupo fundamentado en la oración?).
Pregunta 6: Un grupo de personas.
Pregunta 7: Pedro.
Pregunta 8: 2000.
Pregunta 9: Saulo y Nerón (señala que Saulo llegó a ser Pablo, un pionero fundamental del cristianismo).
Pregunta 10: El cuerpo de Cristo.
Pregunta 11: Miles.
Pregunta 12: No (él ascendió al cielo antes de que la iglesia fuera fundada).

¿QUÉ CON LA BIBLIA?

1. ¿En cuántos libros consiste la Biblia? (Circula uno)
100 / 59 / 27 / 66 / 15

2. La Biblia tiene dos divisiones principales. ¿Cómo se les llama? (Circula uno)
Profetas mayores y menores / Libros pasados y futuros / Antiguo y Nuevo Testamento

3. ¿Qué libros en la Biblia hablan sobre la vida de Jesucristo? (Circula uno)
Los Salmos / Las Epístolas / Los Evangelios Las Profecías / Los Proverbios

4. ¿Cuál es el primer libro de la Biblia? (Circula uno)
Jonás / Génesis / Malaquías / 1 Corintios Apocalipsis

5. ¿Cuál es el último libro de la Biblia? (Circula uno)
Apocalipsis / Efesios / 1 Juan / Malaquías Judas

6. ¿Qué libro contiene el capítulo más largo en la Biblia? (Circula uno)
Mateo / Ezequiel / Apocalipsis / Génesis Salmos

7. ¿Qué libro de la Biblia mencionado abajo habla de que Dios creó a la gente? (Circula uno)
Judas / Apocalipsis / Jonás / Efesios Génesis / Job

8. ¿Quién escribió la Biblia? (Circula uno)
Hombres inspirados / Dios Todopoderoso Monjes y sacerdotes / Jesús / ¿Quién sabe?

9. ¿Cuántos libros tiene el Nuevo Testamento? (Circula uno)
34 / 56 / 27 / 18 / 44

10. ¿En cuál de los siguientes libros está registrada la historia del nacimiento de Jesucristo? (Circula uno)
Lucas / Génesis / Hechos / Romanos / 1 Corintios

11. ¿Cuál es el último libro del Antiguo Testamento (Circula uno)
Zacarías / Malaquías / Sofonías / Romanos Gálatas

12. ¿Qué libro describe el inicio de la iglesia? (Circula uno)
Romanos / Judas / Hechos / Juan

¿Qué con la iglesia?

La Biblia puede intimidar aun a aquellos que quieran saber más sobre ella. Este cuestionario sobre la Biblia puede servir para animar a aquellos estudiantes que están comprometidos a intentarlo.

Actividades sugeridas para el salón

Existen varias versiones de juegos de trivia (cuestionario) bíblico en el mercado; obtén uno y juégalo con tu grupo. Dales premios sencillos a aquellos que obtengan más preguntas buenas (o malas).

Enséñales a tus jóvenes algunos estudios con principios bíblicos y qué tipo de recursos de referencia existen en la biblioteca de la iglesia o en una librería cristiana.

Pensando en las preguntas

Pregunta 1: 66
Pregunta 2: Antiguo y Nuevo Testamento
Pregunta 3: Los Evangelios
Pregunta 4: Génesis
Pregunta 5: Apocalipsis
Pregunta 6: Salmos (119)
Pregunta 7: Génesis
Pregunta 8: Hombres inspirados
Pregunta 9: 27
Pregunta 10: Lucas
Pregunta 11: Malaquías
Pregunta 12: Hechos

¿QUÉ CON JESÚS?

1. Circula las frases que para ti describen mejor a Jesús.
Un gran profeta
El más grande maestro de la moralidad
El hijo de Dios
El Salvador

2. ¿En qué fiesta celebramos la resurrección de Jesucristo? (Circula uno)
Halloween
Día de acción de gracias
Pascua
Navidad
El día de la independencia
Viernes Santo

3. ¿En qué libro aprendemos sobre el nacimiento de Jesucristo? (Circula uno)
Efesios / Romanos / Lucas / Génesis / Jonás / Hechos

4. ¿Cuántos años tenía Jesucristo cuando murió? (Circula uno)
65 / 42 / 33 / 50 / 27

5. ¿De qué raza era Jesús? (Circula uno)
Europeo / Latino / Oriental / Griego / Judío Africano

6. ¿Quién traicionó a Jesús? (Circula uno)
Mateo / Pablo / Natanael / Judas / Juan / Barrabás / Pilatos

7. ¿Cuál era la razón principal por la que los líderes judíos odiaban a Jesús? (Circula uno)
Discutía con ellos
Él clamaba ser Dios
Él hacía milagros

8. ¿Qué oficio le enseñó José a Jesús? (Circula uno)
Pesca / Hacer tiendas / Carpintería / Recolector de impuestos / Plomería

9. ¿Cuál fue la cosa más inusual de Jesús? (Circula uno)
Sanó a los enfermos
Resucitó de los muertos
Murió en la cruz

10. ¿Hace cuántos años vivió Jesús? (Circula uno)
Hace 600 años / Hace 1000 años / Hace 2000 años / Hace 300 años

11. ¿Cuál de los siguientes personajes conocía personalmente a Jesús? (Circula uno)
Job / Jonás / Pablo / Santiago / Apolos / Enoc / Juan / Tomás / Timoteo

12. ¿Qué sermón famoso dijo Jesús? (Circula uno)
El Sermón del monte
El Sermón del lago
El Sermón en el templo

13. ¿Cuáles de los siguientes son nombres y títulos dados a Jesús en la Biblia? (Circula todos los que apliquen)
La puerta / La ventana / Emanuel / El buen pastor / El pan de salud

¿Qué con Jesús?

¿Qué saben tus estudiantes sobre aquel a quien ellos declaran seguir? Averígualo con este cuestionario. No es nada difícil, así que podrá ser un poco desalentador si tus estudiantes fallan miserablemente. (¡Si tú fallas miserablemente, esa es otra historia!).

Actividades sugeridas para el salón

Después de que todos hayan trabajado con el cuestionario, que alguien haga el papel de Jesús contestando las preguntas como si fueran hechas en una conferencia de prensa del primer siglo.

Pensando las preguntas

Pregunta 1: El Hijo de Dios y el Salvador
Pregunta 2: Pascua
Pregunta 3: Lucas
Pregunta 4: 33
Pregunta 5: Judío
Pregunta 6: Judas
Pregunta 7: Clamaba ser Dios
Pregunta 8: Carpintería
Pregunta 9: Resucitó de los muertos
Pregunta 10: 2000
Pregunta 11: Santiago, Juan y Tomás
Pregunta 12: El Sermón del monte
Pregunta 13: La puerta, Emanuel, el buen pastor

YO QUIERO SABER

¿De qué quieres aprender en tu grupo de jóvenes? Nos puedes decir evaluando tus intereses en todos los temas de este cuestionario. (1 = no estoy interesado, 5 = fuertemente interesado)

1. Cómo llegó la Biblia a ser la Biblia.
1 / 2 / 3 / 4 / 5

2. El libro de Apocalipsis y sus profecías sobre el futuro.
1 / 2 / 3 / 4 / 5

3. La ética: Qué está bien o mal; y cómo decirlo.
1 / 2 / 3 / 4 / 5

4. El quién y cómo sobre el noviazgo.
1 / 2 / 3 / 4 / 5

5. Cómo compartir a Cristo con mis amigos.
1 / 2 / 3 / 4 / 5

6. Vocaciones cristianas tales como pastor, director de jóvenes, misionero, etc.
1 / 2 / 3 / 4 / 5

7. Los libros de la Biblia.
1 / 2 / 3 / 4 / 5
¿Cuáles?

8. Cómo comprender a mis padres.
1 / 2 / 3 / 4 / 5

9. Cómo ser cristiano.
1 / 2 / 3 / 4 / 5

10. Cómo comenzó la iglesia y de qué se trata.
1 / 2 / 3 / 4 / 5

11. Lo que creen las sectas.
1 / 2 / 3 / 4 / 5

12. Qué creen otras religiones grandes.
1 / 2 / 3 / 4 / 5

13. El amor cristiano.
1 / 2 / 3 / 4 / 5

14. El cielo y el infierno.
1 / 2 / 3 / 4 / 5

15. Los dones espirituales: lo que son y cómo utilizarlos.
1 / 2 / 3 / 4 / 5

16. Cómo aconsejar sabiamente a mis amigos en temas difíciles.
1 / 2 / 3 / 4 / 5

17. La ciencia y la enseñanza de la Biblia.
1 / 2 / 3 / 4 / 5

18. El chisme, las calumnias y la lengua.
1 / 2 / 3 / 4 / 5

19. Cómo estudiar la Biblia realmente.
1 / 2 / 3 / 4 / 5

20. Lo que significa ser discípulo de Jesucristo.
1 / 2 / 3 / 4 / 5

21. La unidad y la convivencia genuina en la iglesia.
1 / 2 / 3 / 4 / 5

22. Lo que la Biblia en verdad enseña sobre las drogas y el alcohol.
1 / 2 / 3 / 4 / 5

23. Lo que la Biblia dice sobre la homosexualidad.
1 / 2 / 3 / 4 / 5

24. El aborto, la guerra, las alteraciones genéticas y otros temas actuales.
1 / 2 / 3 / 4 / 5

25. Lo que la Biblia dice sobre lo que escuchamos.
1 / 2 / 3 / 4 / 5

26. Cómo utilizar el tiempo más sabiamente.
1 / 2 / 3 / 4 / 5

27. Lo que la Biblia dice sobre enriquecerse y utilizar el dinero.
1 / 2 / 3 / 4 / 5

28. Lo que significa ser y tener un amigo.
1 / 2 / 3 / 4 / 5

29. Por qué Dios permite que cosas malas le sucedan a personas inocentes.
1 / 2 / 3 / 4 / 5

30. Cómo podemos demostrar amor y ser compasivos con aquellos que son difíciles de amar.
1 / 2 / 3 / 4 / 5

Yo quiero saber

Yo quiero saber puede ser utilizado para añadir relevancia a tu currículo. Este cuestionario te indicará los temas sobre los que tus estudiantes quieren aprender. Un tiempo especialmente bueno para utilizar este cuestionario es cuando un nuevo grupo de jóvenes se incorpora a tu programa.

Actividades sugeridas para el salón

Si el tiempo lo permite, puedes tabular las respuestas para que todos las vean. En el pizarrón, lista los números del 1 al 30. Los estudiantes deben levantar sus manos solo en aquellos temas que recibieron calificaciones altas (4 y 5 en la escala). Escoge los diez temas que obtuvieron las calificaciones más altas para enseñanzas futuras. Si quieres, puedes llevar a votación entre tus estudiantes los diez temas ganadores para que elijan el que quieren estudiar primero.

Pensando en las preguntas

Los temas cubiertos por las preguntas incluyen: conocimiento de la Biblia, ética, noviazgo, vida cristiana, relaciones con los padres, dones espirituales y homosexualidad. Aquellos temas que reciban las respuestas más fuertes son los temas para un futuro estudio de grupo.

MENTIROSO, MENTIROSO

Circula una respuesta para cada pregunta.

1. Si me salvara a mí o a algún amigo de tener un gran problema, yo mentiría.
Esto está bien / Esto está mal / A veces está bien

2. El papá de Mario maneja constantemente diez o quince millas por encima del límite de velocidad.
Esto está bien / Esto está mal / A veces está bien

3. El papá de Felipe es policía. Cuando está en sus días de descanso maneja diez o quince millas por encima del límite de velocidad.
Esto está bien / Esto está mal / A veces está bien

4. Para mantener a su hijito callado en la tienda, la mamá de Roberto le da uvas antes de pesarlas y pagarlas.
Esto está bien / Esto está mal / A veces está bien

5. Benjamín copió el CD de su amigo.
Esto está bien / Esto está mal / A veces está bien

6. Javier, el coleccionista de monedas, le da a un niño una moneda de diez por una de un centavo. Javier sabe que la moneda del niño vale $200.
Esto está bien / Esto está mal / A veces está bien

7. Saúl siempre tira el aceite usado de su carro en el patio trasero.
Esto está bien / Esto está mal / A veces está bien

8. David trabaja en una gasolinera. Se lleva las herramientas a su casa para trabajar en su carro y se las queda.
Esto está bien / Esto está mal / A veces está bien

9. Raúl invita a Susana a salir. Susana no tiene nada que hacer pero espera que Daniel la llame. Para evitar herir los sentimientos de Raúl, le dice que tiene que cuidar niños.
Esto está bien / Esto está mal / A veces está bien

10. Sara necesita una buena calificación en inglés. El reporte del libro lo tiene que entregar pronto. Guillermo accede a hacerle el reporte por $20.
Esto está bien / Esto está mal / A veces está bien

11. Rosalinda piensa que Dios tal vez quiere que ella ponga sus $5 en la ofrenda, pero decide comprar algo de comer.
Esto está bien / Esto está mal / A veces está bien

12. Esteban y Brenda hacen la pareja perfecta. Ya que en sus planes está el casarse, comienzan a tener relaciones sexuales.
Esto está bien / Esto está mal / A veces está bien

13. Ángela cuenta un jugoso chisme sobre Mónica. «Todos se van a enterar de todos modos», piensa Ángela. «Así que no hay problema si lo cuento».
Esto está bien / Esto está mal / A veces está bien

14. Mónica se ofende por el chisme de Ángela. Se termina la amistad.
Esto está bien / Esto está mal / A veces está bien

Yo quiero saber

¿Qué está bien y qué está mal? ¿Debo seguir a la manada? ¿Por qué debo hacer esto y no lo otro? No es fácil crecer de niño a adulto. Un adolescente necesita ayuda y dirección. Las respuestas a este cuestionario revelarán muchas situaciones y controversias a las que se enfrentan tus estudiantes.

Como líder de jóvenes, tú tienes un impacto tremendo sobre el pensamiento y comportamiento de tus estudiantes. Utiliza este cuestionario para que te ayude a seleccionar las áreas que requieren de tu atención.

Actividades sugeridas para el salón

Presenta este cuestionario diciendo algo como: «Cuando hablamos sobre ética hablamos sobre cosas como la verdad o las mentiras, la honestidad o hacer trampa, la obediencia o la desobediencia, el bien o el mal. Tus puntos de vista sobre lo que está bien y lo que está mal te afectarán toda tu vida. Por eso queremos ver el tema sobre la ética ahora. Es importante que aprendamos la diferencia entre el bien y el mal».

Otra forma de presentar este cuestionario es pidiendo a tus estudiantes que definan la ética y discutan por qué aprender de ella es importante.

Para utilizar esta encuesta y sacarle el mejor provecho trata de anticipar las respuestas. Crea preguntas para abrir más la lata de lombrices. Revisa las citas sugeridas preparando pláticas cortas sobre cada una de ellas.

Después que los jóvenes hayan llenado el cuestionario, se quedarán con sus hojas frente a ellos y discutirán sus respuestas a cada pregunta. Termina con una discusión de cada tema desde el punto de vista bíblico sobre la ética involucrada.

Pensando en las preguntas

Los temas cubiertos estás listados aquí con sus referencias en las Escrituras para ayudarte.
Las preguntas 1 y 9: Mentir (Efesios 4:25).
Las preguntas 2, 3 y 5: Quebrantar la ley (1 Pedro 2:13,14).
Las preguntas 4 y 8: Robar (Efesios 4:28).
Las preguntas 6 y 10: Hacer trampa (1 Corintios 6:8).
Las preguntas 7 y 11: Mayordomía (1 Corintios 4:2).
La pregunta 12: Sexo (Romanos 13:13; Efesios 5:3).
La pregunta 13: Chisme (Proverbios 11:13).
La pregunta 14: Falta de perdón (Mateo 6:14,15).

RESUMEN DE FIN DE AÑO

Edad _____ Hombre _____ Mujer _____
Grado _____

1. ¿Cuánto tiempo asististe a las actividades del grupo de jóvenes? (Circula una)
Un año o menos 1-2 años Más de 2 años

2. ¿Qué has descubierto sobre Dios en este año?

3. Asisto al servicio de nuestra iglesia: (Circula uno)
Regularmente
Bastante seguido
A veces
No tan seguido
Si circulaste «A veces» o «No tan seguido», déjanos saber porqué no asistes regularmente.

4. ¿Qué actividades en este año disfrutaste más?

5. ¿Qué eventos o programas te gustaría que hiciéramos el próximo año?

6. ¿Qué temas te gustaría que discutiéramos o enseñáramos durante el próximo año?

7. ¿Te gustaría estar más involucrado en la vida de la iglesia o en el grupo de jóvenes el próximo año?
___ Sí ___ No

8. ¿Te gustaría tener la oportunidad de enseñar o hablar frente a otros jóvenes?
___ Sí ___ No

9. Si tuvieras un problema, ¿con quién de los líderes de jóvenes hablarías?

10. Nombra a dos o tres jóvenes del grupo que parecen ser buenos ejemplos de cómo debería ser un cristiano.

1.
2.
3.

11. Detrás de este papel escribe cualquier sugerencia que pienses que mejoraría nuestra iglesia o el grupo de jóvenes el próximo año. ¡Gracias!

CÓMO USAR

Resumen de fin de año

El fin de año es un tiempo perfecto para evaluar todo lo que ha tomado lugar. Este tipo de evaluación mostrará lo que has estado haciendo bien y lo que necesitas mejorar. Invita a tus estudiantes a que expresen sus sentimientos de aprobación o crítica.

Actividades sugeridas para el salón

Este cuestionario puede ayudarte a lanzar una reunión de planeación. Las preguntas ayudarán a los estudiantes a pensar sobre qué eventos funcionaron bien en el pasado y en qué trabajos les gustaría ayudar.

Pensando las preguntas

La pregunta 2 ofrece una valiosa percepción del desarrollo espiritual de tu grupo.

La pregunta 3 define las áreas problemáticas en el programa de tu iglesia.

La pregunta 4 te dirá qué es lo que hiciste que tuvo éxito.

Las preguntas 5 y 6 te dirán qué eventos planear y qué temas abordar.

Pon atención a la pregunta 10. Anota los nombres dados aquí, en especial si son repetidos. Estos son los jóvenes que debes animar para tomar los roles de liderazgo. Déjales saber que otros los ven como ejemplos.

La pregunta 11 debe ser tomada seriamente. Considera lo que puedes hacer para implementar las ideas ofrecidas.

LA PERSPECTIVA DEL HOMBRE

Edad _____ Grado _____

1. ¿Te sentirías raro si una muchacha te invitara a salir?
___ Sí ___ No

2. Si una muchacha te invitara a salir, ¿te sentirías obligado a pagar por lo menos la mitad de la cuenta?
___ Sí ___ No

3. ¿Te casarías con una muchacha que tuviera una bonita personalidad, pero que no fuera atractiva físicamente?
___ Sí ___ No

4. ¿Te casarías con una muchacha que esté pasada de peso?
___ Sí ___ No

5. ¿Cuál regalo sería el mejor para comprarle a una muchacha? (Marca uno)

___ Ropa
___ Flores
___ Peluches
___ Libros
___ Joyería barata
___ Casetes o CDS
___ Perfumes
___ Otro:

6. ¿Te casarías con una muchacha que tuviera herpes?
___ Sí ___ No

7. ¿Estarías dispuesto a casarte con una muchacha que tuviera una mala reputación por haberse acostado con muchos, pero que ha cambiado su comportamiento?
___ Sí ___ No

8. ¿Qué tipo de muchacha te llama más la atención? (Marca uno)

___ Ruda
___ Muy femenina
___ Enérgica y habladora
___ Callada y misteriosa

9. ¿Te gustaría que tu futura esposa tuviera implantes en los senos para que su busto fuera más grande?
___ Sí ___ No

10. ¿Crees que la mayoría de las muchachas no están interesadas en muchachos que no manejan?
___ Sí ___ No

11. ¿Cuáles tres de las siguientes características piensas que atraen más a las muchachas? (Marca tres)

___Mucho dinero
___Poder
___Fama y popularidad
___Cerebro
___Bien parecido
___ Madurez espiritual
___Sensibilidad
___Naturaleza romántica
___ Buen trabajador
___ Integridad
___ Cuerpo fuerte
___ Personalidad arrolladora
___ Mantiene un buen trabajo
___ Le gustan los niños

12. ¿Te casarías con una muchacha si supieras que no puede tener hijos?
___ Sí ___ No

13. ¿Qué piensas que le gustaría más a una muchacha de la siguiente lista?
___ Flores
___ Cartas de amor
___ Oportunidad de hablar juntos
___ Pequeños regalos
___ Largas caminatas románticas
___ Salir a cenar
___ Llamadas de teléfono frecuentes
___ Ir de compras juntos
___ Pasar tiempo juntos

14. Si un muchacho pusiera mucho dinero, pensamiento y esfuerzo para salir con una muchacha, ¿debería ser recompensado con un beso?
___ Sí ___ No

15. A las muchachas les gusta ser tratadas con cortesía y caballerosidad de parte del muchacho que les gusta.
___ Sí ___ No

16. ¿Presumirías con tus amigos sobre tus aventuras sexuales?
___ Sí ___ No

CÓMO USAR
La perspectiva del hombre

Este cuestionario se usará mejor en conjunto con «*La perspectiva de la mujer*», «*Los hombres dirían*»... y «*Las mujeres dirían*»... como se explicará a continuación. Utilizando estos cuatro cuestionarios, tus jóvenes y señoritas descubrirán cómo piensa y siente el sexo opuesto.

La perspectiva del hombre les pide a tus estudiantes varones que revelen las actitudes, preferencias y estereotipos que tienen con respecto a las muchachas. Podrás valorar sus niveles de madurez en estas áreas para que los puedas ayudar a crecer.

ADVERTENCIA: Muchas de estas preguntas se relacionan con áreas sensibles. Están diseñadas para obtener respuestas honestas y no las ideales. Sin embargo, lo más seguro es que generen muchas emociones y controversia. Debes estar preparado para esto y para presentar la perspectiva bíblica sobre el hombre, la mujer, y lo que son las relaciones sanas y que honran a Dios.

Actividades sugeridas para el salón

Dales copias de «*La perspectiva del hombre* a los hombres» y «*La perspectiva de la mujer* a las mujeres». Recoge los cuestionarios y cuenta los resultados en secreto mientras que los hombres contestan «*Las mujeres dirían*»... y las mujeres contestan «*Los hombres dirían*»...

Cuando todos hayan terminado, cuenta las respuestas del segundo cuestionario y compáralas con el conteo del primero. Esto será muy divertido para tus estudiantes, ¡y producirá algunos fuegos artificiales!

Contar los cuestionarios tomará tiempo, en especial si el grupo es grande. Pídeles a algunos de los adultos que te ayuden. Entrégale a cada uno una cantidad de cuestionarios para contar; después sumen los conteos para obtener el resultado final.

Pensando en las preguntas

Estos cuatro cuestionarios son, sin duda, los más controversiales de este libro. Existe una línea muy fina entre obtener y exponer las actitudes honestas que tienen los hombres y las mujeres hacia el sexo opuesto, y reforzar estereotipos dañinos y prejuicios irrespetuosos. Debes estar preparado para compartir la perspectiva de Dios de cómo el hombre y la mujer deben ver y tratar al otro, y debes ser rápido para cortar algunos argumentos o chistes que puedan ser devastadores para estudiantes individuales.

LAS MUJERES DIRÍAN...

¿Muchacho, qué tan bien conoces la mente femenina? Indica cómo piensas que la mayoría de las mujeres responderían a las siguientes preguntas.

1. La típica muchacha saldría con un muchacho por quien no tiene sentimientos, si él la llevara a algún lugar al que ella en verdad quisiera ir.
___ Sí ___ No

2. ¿Se casaría una muchacha con un muchacho que no le diera hijos?
___ Sí ___ No

3. ¿Se casaría una muchacha típica con un muchacho que no quiere tener hijos?
___ Sí ___ No

4. ¿Se casaría una muchacha típica con un muchacho que tuviera un trabajo que no paga mucho y con poca esperanza de éxito para el futuro?
___ Sí ___ No

5. ¿En qué áreas piensas que las muchachas sienten que deberían ser absolutamente iguales que el hombre? (Marca todas las que apliquen)

___ Negocios
___ Servicio militar
___ Papel en el matrimonio
___ Liderazgo en la iglesia
___ Política
___ Trabajos muy demandantes físicamente
___ Salario de un trabajo

6. ¿Qué regalo piensan las muchachas que a un muchacho le gustaría recibir? (Circula uno)
Flores / Ropa / CDS / Libros / Herramientas / Loción

7. ¿Saldría de nuevo una muchacha con un muchacho que fue físicamente agresivo en la primer cita, pero se detuvo cuando se le pidió?
___ Sí ___ No

8. ¿Se casaría una muchacha con un muchacho si supiera que él tiene herpes?
___ Sí ___ No

9. ¿Se casaría una muchacha con un muchacho que terminó con su prometida o con su esposa por ella?
___ Sí ___ No

10. ¿Acaso las muchachas permiten que otros lean las cartas de amor que ellas han recibido?
___ Sí ___ No

11. ¿Qué tipo de muchacho piensas que le es atractivo a las muchachas? (Marca uno)

___ Atlético
___ Chistoso
___ Fuerte
___ Sensible
___ Bien vestido
___ Artístico
___ Callado
___ Cerebrito
___ Romántico
___ Buen conversador

12. ¿Se casaría una muchacha con un muchacho que quisiera que ella se pusiera implantes en el busto?
___ Sí ___ No

13. Las muchachas piensan que un muchacho con un carro bonito es más atractivo que un muchacho que no tiene carro.
___ Sí ___ No

14. Una muchacha típica se casaría con un muchacho veinte años mayor que ella si fuera atlético, bondadoso y con dinero.
___ Sí ___ No

15. ¿Qué cosas quieren más las muchachas de sus futuros esposos? (Marca tres)

___ Liderazgo
___ Poder
___ Valentía
___ Cerebro
___ Madures espiritual
___ Buen trabajador
___ Fama y popularidad
___ Sensibilidad
___ Integridad
___ Romance
___ Mucho dinero
___ Buen trabajo
___ Le gustan los niños
___ Bien parecido

16. Las muchachas piensan que la mayoría de los muchachos huirían o insistirían en un aborto si sus novias se embarazaran.
___ Sí ___ No

17. Las muchachas piensan que a los muchachos no les gusta: (Marca uno)
___ Tener largas conversaciones telefónicas
___ Ir a comprar ropa con sus novias
___ Tratar con una novia llorona
___ Pasar el tiempo con su novia mientras que sus amigos están haciendo algo divertido
___ Compartir sus más profundos sentimientos con su novia

Las mujeres dirían...

Este cuestionario se usa mejor en conjunto con «*La perspectiva del hombre*», «*La perspectiva de la mujer*» y «*Los hombres dirían*»... como se explica abajo. Utilizando estos cuatro cuestionarios, tus jóvenes podrán descubrir cómo piensa y siente el sexo opuesto.

«*Las mujeres dirían*»... les pide a tus estudiantes varones que digan lo que piensan que son las actitudes, preferencias y estereotipos de la mujer con respecto a los hombres. Esto es muy divertido; tus jóvenes la pasarán muy bien.

ADVERTENCIA: Muchas de estas preguntas se relacionan con áreas sensibles. Están diseñadas para obtener respuestas honestas y no las ideales. Sin embargo, lo más seguro es que generen muchas emociones y controversia. Debes estar preparado para esto y para presentar la perspectiva bíblica sobre el hombre, la mujer, y lo que son las relaciones sanas y que honran a Dios.

Actividades sugeridas para el salón

Dales copias de «*La perspectiva del hombre*» a los hombres y «*La perspectiva de la mujer*» a las mujeres. Recoge los cuestionarios y cuenta los resultados en secreto mientras que los hombres contestan «*Las mujeres dirían*»... y las mujeres contestan «*Los hombres dirían*»...

Cuando todos hayan terminado, cuenta las respuestas del segundo cuestionario y compáralas con el conteo del primero. Esto será muy divertido para tus estudiantes, ¡y producirá algunos fuegos artificiales!

Contar los cuestionarios tomará tiempo, en especial si el grupo es grande. Pídeles a algunos de los adultos que te ayuden. Entrégale a cada uno una cantidad de cuestionarios para contar; después sumen los conteos para obtener el resultado final.

Pensando en las preguntas

«*Las mujeres dirían*»... reta a tus varones a leer las mentes de las muchachas, y a enfrentarse con su falta de entendimiento sobre cómo piensan en realidad las chicas. La diferencia de percepciones entre los hombres y las mujeres crea un gran escenario para una discusión. Por ejemplo, ¿qué tal si tus varones piensan que las mujeres no están interesadas en el liderazgo de la iglesia (pregunta 5), mientras que tus mujeres contestan que sí están fuertemente interesadas? Tu grupo puede ganar comprensión de los pensamientos y sentimientos verdaderos de ambos sexos, y explorar formas para crear un puente de comunicación donde con frecuencia existe una brecha, entre hombres y mujeres.

LA PERSPECTIVA DE LA MUJER

Edad___ Grado ___

1. ¿Saldrías con un muchacho por el que no tuvieras sentimientos, si te llevara a algún lugar al que realmente quieres ir?
___ Sí ___ No

2. ¿Te casarías con un muchacho que no pudiera darte hijos?
___ Sí ___ No

3. ¿Te casarías con un muchacho que no quisiera tener hijos?
___ Sí ___ No

4. ¿Te casarías con un muchacho que tuviera un trabajo que no pagara mucho?
___ Sí ___ No

5. ¿En qué áreas piensas que las mujeres deberían ser absolutamente iguales que el hombre? (Marca todas las que se apliquen)

___ Negocios
___ Servicio militar
___ Papel en el matrimonio
___ Liderazgo en la iglesia
___ Política
___ Trabajos muy demandantes físicamente
___ Salario de un trabajo

6. ¿Cuál de las siguientes cosas sería el mejor regalo para un muchacho que te gusta? (Circula una)
Flores / Ropa / CDS / Libros / Herramientas / Loción

7. Un muchacho que a ti te gusta es físicamente agresivo en tu primera cita, pero se detiene cuando tú insistes. ¿Volverías a salir con él?
___ Sí ___ No

8. ¿Te casarías con un muchacho que tuviera herpes?
___ Sí ___ No

9. ¿Te casarías con un muchacho que hubiera terminado con su esposa o con su prometida por ti?
___ Sí ___ No

10. ¿Piensas que una muchacha típica permite que otros lean las cartas de amor que ella recibe?
___ Sí ___ No

11. ¿Qué tipo de muchacho encuentran las muchachas más atractivo? (Marca una)

___ Atlético
___ Chistoso
___ Fuerte
___ Sensible
___ Bien vestido
___ Artístico
___ Callado
___ Cerebrito
___ Romántico
___ Buen conversador

12. ¿Te casarías con un muchacho a quien le gustaría que te pusieras implantes en el busto?
___ Sí ___ No

13. ¿Acaso el tipo de carro que maneja un muchacho hace la diferencia a una muchacha típica?
___ Sí ___ No

14. ¿Te casarías con un muchacho veinte años más grande que tú si fuera atlético, bondadoso y con mucho dinero?
___ Sí ___ No

15. ¿Qué cualidades te gustaría ver en un futuro esposo? (Marca tres)

___ Liderazgo
___ Poder
___ Valentía
___ Cerebro
___ Madurez espiritual
___ Buen trabajador
___ Fama y popularidad
___ Sensibilidad
___ Integridad
___ Romance
___ Mucho dinero
___ Buen trabajo
___ Le gustan los niños
___ Bien parecido

16. ¿Acaso el muchacho típico huiría o insistiría en un aborto si su novia se embarazara?
___ Sí ___ No

17. ¿Qué crees que les gusta menos a los muchachos de la siguiente lista? (Marca una)
___ Tener largas conversaciones telefónicas
___ Ir a comprar ropa con sus novias
___ Tratar con una novia llorona
___ Pasar el tiempo con su novia mientras que sus amigos están haciendo algo divertido
___ Compartir sus más profundos sentimientos con su novia

CÓMO USAR

La perspectiva de la mujer

Este cuestionario se usará mejor en conjunto con «*La perspectiva del hombre*», «*Los hombres dirían*»... y «*Las mujeres dirían*»... como se explicará a continuación. Utilizando estos cuatro cuestionarios, tus jóvenes y señoritas descubrirán cómo piensa y siente el sexo opuesto.

«*La perspectiva de la mujer*» les pide a tus estudiantes mujeres que revelen las actitudes, preferencias y estereotipos que tienen con respecto a los hombres. Podrás valorar sus niveles de madurez en estas áreas para que las puedas ayudar a crecer.

ADVERTENCIA: Muchas de estas preguntas se relacionan con áreas sensibles. Están diseñadas para obtener respuestas honestas y no las ideales. Sin embargo, lo más seguro es que generen muchas emociones y controversia. Debes estar preparado para esto y para presentar la perspectiva bíblica sobre el hombre, la mujer, y lo que son las relaciones sanas y que honran a Dios.

Actividades sugeridas para el salón

Dales copias de «*La perspectiva del hombre*» a los hombres y «*La perspectiva de la mujer*» a las mujeres. Recoge los cuestionarios y cuenta los resultados en secreto mientras que los hombres contestan «*Las mujeres dirían*»... y las mujeres contestan «*Los hombres dirían*»...

Cuando todos hayan terminado, cuenta las respuestas del segundo cuestionario y compáralas con el conteo del primero. Esto será muy divertido para tus estudiantes, ¡y producirá algunos fuegos artificiales!

Contar los cuestionarios tomará tiempo, en especial si el grupo es grande. Pídeles a algunos de los adultos que te ayuden. Entrégale a cada uno una cantidad de cuestionarios para contar; después sumen los conteos para obtener el resultado final.

Pensando en las preguntas

Estos cuatro cuestionarios son, sin duda, los más controversiales de este libro. Existe una línea muy fina entre obtener y exponer las actitudes honestas que tienen los hombres y las mujeres hacia el sexo opuesto, y reforzar estereotipos dañinos y prejuicios irrespetuosos. Debes estar preparado para compartir la perspectiva de Dios de cómo el hombre y la mujer deben ver y tratar al otro, y debes ser rápido para cortar algunos argumentos o chistes que puedan ser devastadores para estudiantes individuales.

LOS HOMBRES DIRÍAN...

Muchacha, ¿qué tan bien conoce la mente del hombre? Indica cómo piensas que el muchacho típico respondería a las siguientes preguntas.

1. ¿Acaso un muchacho típico se sentiría raro si una muchacha lo invitara a salir?
___ Sí ___ No

2. Un muchacho que sale con una muchacha que lo invitó a salir, ¿se sentiría obligado a pagar al menos la mitad de la cuenta?
___ Sí ___ No

3. ¿Acaso un muchacho típico estaría interesado en casarse con una muchacha con una gran personalidad, pero que no fuera físicamente atractiva?
___ Sí ___ No

4. ¿Se casaría un muchacho con una muchacha que está pasada de peso?
___ Sí ___ No

5. ¿Qué regalo pensaría un muchacho que le gustaría más a una muchacha? (Marca una)
___ Ropa
___ Flores
___ Peluches
___ Libros
___ Joyería barata
___ Casetes o CDS
___ Perfumes
___ Otro:

6. ¿Un muchacho típico se casaría con una muchacha que tiene herpes?
___ Sí ___ No

7. ¿El típico muchacho se casaría con una muchacha que tuviera la reputación de haberse acostado con muchos, pero que ha cambiado su comportamiento?
___ Sí ___ No

8. ¿Qué tipo de muchacha le llama la atención a un muchacho típico? (Marca una)
___ Ruda
___ Muy femenina
___ Enérgica y habladora
___ Callada y misteriosa

9. ¿A un muchacho le gustaría que su esposa tuviera implantes de senos para hacer que su busto se vea más grande?
___ Sí ___ No

10. Los muchachos piensan que no les interesan a las muchachas si no manejan.
___ Sí ___ No

11. ¿Cuáles de las siguientes características los muchachos piensan que a las muchachas les atraen? (Marca tres).
___ Mucho dinero
___ Poder
___ Fama y popularidad
___ Cerebro
___ Bien parecido
___ Madurez espiritual
___ Sensibilidad
___ Naturaleza romántica
___ Buen trabajador
___ Integridad
___ Cuerpo fuerte
___ Personalidad arrolladora
___ Mantiene un buen trabajo
___ Le gustan los niños

12. ¿Acaso un muchacho se casaría con una muchacha que él supiera que no pude tener hijos?
___ Sí ___ No

13. ¿Cuáles de las siguientes cosas los muchachos piensan que a las muchachas les gustan más?
___ Flores
___ Cartas de amor
___ Oportunidad de hablar juntos
___ Pequeños regalos
___ Largas caminatas románticas
___ Salir a cenar
___ Llamadas telefónicas frecuentes
___ Ir de compras juntos
___ Pasar tiempo juntos

14. Un muchacho típico espera un beso si pone mucho dinero, pensamiento y esfuerzo para una cita.
___ Sí __ No

15. Los muchachos piensan que a las muchachas les gustaría ser tratadas con cortesía y caballerosidad por los muchachos que les gustan.
___ Sí ___ No

16. ¿Acaso los muchachos presumen el uno al otro sobre sus aventuras sexuales?
___ Sí ___ No

Los hombres dirían...

Este cuestionario se usa mejor en conjunto con «*La perspectiva del hombre*», «*La perspectiva de la mujer*» y «*Las mujeres dirían*»... como se explica abajo. Utilizando estos cuatro cuestionarios, tus jóvenes podrán descubrir cómo piensa y siente el sexo opuesto.

«*Los hombres dirían*»... le pide a tus estudiantes mujeres que digan lo que piensan que son las actitudes, preferencias y estereotipos del hombre con respecto a las mujeres. Esto es muy divertido; tus jóvenes la pasarán muy bien.

ADVERTENCIA: Muchas de estas preguntas se relacionan con áreas sensibles. Están diseñadas para obtener respuestas honestas y no las ideales. Sin embargo, lo más seguro es que generen muchas emociones y controversia. Debes estar preparado para esto y para presentar la perspectiva bíblica sobre el hombre, la mujer, y lo que son las relaciones sanas y que honran a Dios.

Actividades sugeridas para el salón

Dales copias de «*La perspectiva del hombre*» a los hombres y «*La perspectiva de la mujer*» a las mujeres. Recoge los cuestionarios y cuenta los resultados en secreto mientras que los hombres contestan «*Las mujeres dirían*»... y las mujeres contestan «*Los hombres dirían*»...

Cuando todos hayan terminado, cuenta las respuestas del segundo cuestionario y compáralas con el conteo del primero. Esto será muy divertido para tus estudiantes, ¡y producirá algunos fuegos artificiales!

Contar los cuestionarios tomará tiempo, en especial si el grupo es grande. Pídeles a algunos de los adultos que te ayuden. Entrégale a cada uno una cantidad de cuestionarios para contar; después sumen los conteos para obtener el resultado final.

Pensando las preguntas

«*Los hombres dirían*»... reta a tus muchachas a leer las mentes de los muchachos, y a enfrentarse con su falta de entendimiento sobre cómo piensan en realidad los hombres. La diferencia de percepciones entre los hombres y las mujeres crea un gran escenario para una discusión. Por ejemplo, ¿acaso las muchachas piensan que los muchachos solo están interesados en chicas bien parecidas (pregunta 3), mientras que los muchachos indican una alta estima por la personalidad? Tu grupo puede ganar comprensión de los pensamientos y sentimientos verdaderos de ambos sexos, y explorar formas para crear un puente de comunicación donde con frecuencia existe una brecha, entre hombres y mujeres.

LO QUE PUDIERA HACER CON MIS VACACIONES DE VERANO

Las vacaciones de verano son una excelente temporada para hacer todo tipo de actividades. Observa la siguiente lista de las cosas que podrías hacer en este verano y categoriza cada una utilizando las siguientes opciones:

A. ¡Absolutamente!
B. Brillante idea; lo voy a pensar
C. No puedo decidir
D. No lo creo
E. ¡Guácala!

___ 1. Cortar el pasto de la casa de alguien por amor a Jesús y no por dinero.

___ 2. Escribir cartas a los parientes que no veo a menudo.

___ 3. Ser parte de un proyecto misionero de verano.

___4. Colectar comida, dinero u objetos para aquellos que están en necesidad.

___5. Lavar y encerar el carro de mis padres sin que me lo pidan.

___6. Enseñar a un niño de la comunidad a montar en bicicleta.

___7. Pasar tiempo con la familia en vez de salir con amigos.

___8. Traer un video a casa que sé que a mis hermanos y hermanas les gusta más que a mí.

___9. Trabajar en un refugio para necesitados.

___10. Trabajar para ganar dinero para las misiones, los pobres o la iglesia.

___11. Limpiar, reparar o restaurar alguna parte de la iglesia.

___12. Hacer el desayuno y servírselo a mis padres en la cama.

___13. Mandar tarjetitas de agradecimiento a las personas que han sido amables y cariñosos conmigo.

___14. Pasar una semana leyendo la Biblia y otros libros cristianos en vez de ver la televisión.

___15. Organizar una fiesta de cumpleaños para alguien.

___16. Llevar a mis padres a una obra de teatro, un concierto o a ver una película que ellos disfrutaran.

___17. Cocinar una comida para mi pastor o para mi líder de jóvenes.

___18. Hacer una fiesta de aprecio para un voluntario de la iglesia que haya trabajado mucho o que no veamos a menudo.

___19. Invitar a niños de la comunidad a asistir a la Escuela Dominical con mi familia.

___20. Visitar niños en un área no privilegiada.

___21. Irme de vacaciones con mis padres.

CÓMO USAR

Lo que pudiera hacer con mis vacaciones de verano

Este cuestionario está diseñado para estimular el pensamiento de tus estudiantes sobre el servicio cristiano, el uso de su tiempo y su deseo de ser usados por Dios. Se aplica mejor durante la primavera o al principio del verano, quizás junto a un reto para participar en misiones o proyectos de servicio.

Actividades sugeridas para el salón

Este cuestionario funciona muy bien al final de un mensaje, lección o estudio bíblico sobre el servicio. Las ideas prácticas o sugerencias mostrando lo que puede hacerse, son solo el comienzo de una larga lista de ideas que los estudiantes pudieran compartir.

Si planeas utilizar este cuestionario para motivar a los jóvenes a servir en algún tipo de proyecto de verano, ten los detalles de tu proyecto listos para presentárselos después de que este cuestionario haya sido llenado.

Pensando en las preguntas

Todas las preguntas tratan sobre cosas que tus jóvenes pueden hacer para servir a Dios sirviendo a la gente. Algunas son sencillas, como cortar el pasto y escribir cartas a parientes. Puedes decirle a tus estudiantes que estas son cosas buenas que podrían hacer todo el tiempo. Algunos proyectos como los descritos en las preguntas 3, 4, 9 y 10, requieren un gran compromiso para lograrlo. Sería bueno animar a los estudiantes a trabajar en grupos para alcanzar estas metas.

INVENTARIO DEL DON ESPIRITUAL

Evalúate a ti mismo en cada una de las siguientes áreas circulando el número apropiado. (1= no tienes el don para esta área, 5 = tienes fuertemente el don para esta área)

1. Dios me ha inspirado para predicar uno o más mensajes de su parte.
1 / 2 / 3 / 4 / 5

2. Dios me ha usado para dirigir y guiar a otros creyentes.
1 / 2 / 3 / 4 / 5

3. Soy bueno para comunicar información que ayude a otros a crecer espiritualmente.
1 / 2 / 3 / 4 / 5

4. Soy bueno para descubrir las verdades espirituales y puedo explicar esas verdades a la gente.
1 / 2 / 3 / 4 / 5

5. El Espíritu Santo me da entendimiento especial.
1 / 2 / 3 / 4 / 5

6. La gente viene a mí para recibir palabras de consuelo, afirmación y consejería.
1 / 2 / 3 / 4 / 5

7. Encuentro que es fácil saber si algo viene de Dios o del diablo.
1 / 2 / 3 / 4 / 5

8. Me encanta proveer dinero y otros recursos para la obra de la iglesia y otras necesidades.
1 / 2 / 3 / 4 / 5

9. Soy bueno para ayudar a que las cosas se lleven a cabo.
1 / 2 / 3 / 4 / 5

10. Muestro compasión y cuidado por otros.
1 / 2 / 3 / 4 / 5

11. Tengo un fuerte deseo de llevar el evangelio a otras personas, a otros lugares y a otras culturas.
1 / 2 / 3 / 4 / 5

12. Encuentro que es fácil hablarle a la gente de Jesucristo.
1 / 2 / 3 / 4 / 5

13. Por siempre voy a abrir mi casa para estudios bíblicos u otras actividades de jóvenes.
1 / 2 / 3 / 4 / 5

14. Tengo la confianza en la capacidad de Dios que hará cosas grandes.
1 / 2 / 3 / 4 / 5

15. Cuando algo necesita hacerse, la gente por lo general me busca para que me haga cargo.
1 / 2 / 3 / 4 / 5

16. Me encanta planear la mejor forma de alcanzar las metas.
1 / 2 / 3 / 4 / 5

17. Dios ha hecho cosas muy milagrosas a través de mí.
1 / 2 / 3 / 4 / 5

18. Oro para que la gente sea sanada, ¡y a veces han sanado!
1 / 2 / 3 / 4 / 5

19. Puedo hablar en lenguas.
1 / 2 / 3 / 4 / 5

20. Puedo interpretar lenguas.
1 / 2 / 3 / 4 / 5

21. Mi verdadero deseo es mantenerme soltero por siempre para servir a Dios sin obstáculos.
1 / 2 / 3 / 4 / 5

22. La gente depende de mí para hacer varios trabajos en la iglesia y en el grupo de jóvenes.
1 / 2 / 3 / 4 / 5

CÓMO USAR
Inventario del don espiritual

Este cuestionario está sacado de la Biblia. Está diseñado para ayudar a los jóvenes a tener una idea de qué dones espirituales poseen. Las preguntas no son tan exhaustivas; este no es un programa de diplomado para valorar los dones. Sin embargo, cada pregunta te dará una oportunidad para discutir algún don espiritual que algunos de tus estudiantes en realidad posean.

Actividades sugeridas para el salón

Depende de ti proveer formas en las que tus estudiantes puedan ejercitar sus dones. Provéeles ideas a los jóvenes de cómo pueden poner a funcionar sus dones por la causa de Cristo. Tus jóvenes también pueden dar innumerables ideas de las formas en las que cada don puede ser usado en tu grupo y en tu comunidad.

Pensando en las preguntas

Los dones en el cuestionario se listan como sigue:
Pregunta 1: Profecía (Romanos 12:6; 1 Corintios 12:10,28)
Pregunta 2: Pastor (Efesios 4:11)
Pregunta 3: Enseñanza (Romanos 12:7; Efesios 4:11; 1 Corintios 12:28)
Pregunta 4: Sabiduría (1 Corintios 12:8)
Pregunta 5: Conocimiento (1 Corintios 12:8)
Pregunta 6: Edificación (Romanos 12:8)
Pregunta 7: Discernimiento de espíritus (1 Corintios 12:10)
Pregunta 8: Dar (Romanos 12:8)
Pregunta 9: Ayuda (1 Corintios 12:28)
Pregunta 10: Misericordia (Romanos 12:8)
Pregunta 11: Misiones (1 Corintios 12:28; Efesios 4:11)
Pregunta 12: Evangelista (Efesios 4:11)
Pregunta 13: Hospitalidad (1 Pedro 4:9,10)
Pregunta 14: Fe (1 Corintios 12:9)
Pregunta 15: Liderazgo (Romanos 12:8)
Pregunta 16: Administración (1 Corintios 12:28)
Pregunta 17: Milagros (1 Corintios 12:10,28)
Pregunta 18: Sanidad (1 Corintios 12:9,28)
Pregunta 19: Lenguas (1 Corintios 12:10,28)
Pregunta 20: Interpretación de lenguas (1 Corintios 12:10)
Pregunta 21: Celibato (Mateo 19:3-12)
Pregunta 22: Servicio (Romanos 12:7; 1 Pedro 4:11)

¡TU OPINIÓN POR FAVOR!

Edad_____ Masculino _____
Femenino _____

1. ¿Asistes regularmente a la iglesia, sinagoga o algún servicio religioso?
___ Sí ___ No

2. ¿Crees que Dios existe?
___ Sí ___ No

3. Marca la declaración que se acerque más a tus pensamientos sobre Dios.
___ La idea de Dios es una fantasía
___ Dios es real, pero no está involucrado en la vida de los seres humanos
___ Dios es como una fuerza, no una persona
___ Dios tiene una personalidad y puede ser complacido u ofendido
___ Dios no puede ser conocido por seres humanos

4. Circula la respuesta que describa la naturaleza básica del ser humano.
Buena / Mala / Ambas / Ninguna

5. ¿Crees que existe el castigo eterno para personas como Hitler o Stalin?
___ Sí ___ No ___ Es probable

6. ¿Crees en el infierno?
___ Sí ___ No

7. ¿Cómo definirías lo que es ser cristiano? (Marca todas las que apliquen)
___ Nacer en una familia cristiana
___ Ir a una iglesia cristiana
___ Ser una persona amable o buena
___ Creer que Dios existe
___ Nacer de nuevo
___ Tener una relación personal con Jesucristo
___ Tener a Jesús como amo y Señor
___ Otro

8. ¿Crees que la Biblia es la palabra de Dios?
___ Sí ___ No

9. ¿Crees que existe un lugar llamado cielo?
___ Sí ___ No

10. ¿Crees que todas las religiones son buenas y terminan dirigiéndose al mismo lugar?
___ Sí ___ No

11. ¿Has leído alguna vez el Nuevo Testamento?
___ Sí ___ No ___ Parcialmente

12. ¿Conoces a algún cristiano que respetes por su fe y sus acciones?
___ Sí ___ No

13. ¿Qué piensas de Jesús? (Marca todas las que apliquen)
___ Buen hombre
___ Mito
___ Maestro dotado
___ Gran profeta
___ Salvador
___ Hijo de Dios

14. ¿Piensas que los cristianos deberían tratar de convertir a otros?
___ Sí ___ No
¿Por qué sí o por qué no?

CÓMO USAR

¡Tu opinión por favor!

Este cuestionario está diseñado para ser llenado por el público: en la calle, en la playa o en algún centro comercial. Pregunta sobre las creencias de la persona, investiga qué es lo que él o ella piensan sobre Dios y el cristianismo. Tus jóvenes pueden dirigir esta encuesta por sí solos.

Actividades sugeridas para el salón

Aunque «*¡Tu opinión por favor!*» no está diseñado para el salón como los otros cuestionarios, tus estudiantes pueden dirigir la encuesta por sí solos, y después reunirse para hacer el conteo y discutir los resultados.

También puedes usar este cuestionario como un instrumento para compartir la fe cristiana. Ofréceles a aquellos que llenen el cuestionario una Biblia (o una porción de la Biblia) para que se la lleven. Algunos querrán discutir las preguntas. Asegúrate de que tus jóvenes tengan un conocimiento decente de cómo explicar su fe. Esto puede ser una forma informativa y efectiva para saber la verdad de dónde la gente se encuentra.

Pensando en las preguntas

Aquí hay algunos pasajes de las Escrituras que podrán ser útiles cuando se conduzca la encuesta:

La pregunta 1 trata sobre la asistencia a la iglesia. Ver Hebreos 10:25. La existencia de Dios (pregunta 2) se aborda en Hebreos 11:6. La pregunta 3 (la naturaleza de Dios) lista varias opciones incluyendo el hecho de que Dios tiene una personalidad. Ver el Salmo 86:5 como uno de los muchos ejemplos de la naturaleza personal de Dios. Sobre esta misma pregunta lee Mateo 11:27; Juan 17:3 y Efesios 1:17 para mostrar que Dios puede ser conocido por seres humanos. Refiérete a Jeremías 17:9 para ver la naturaleza mala del corazón (pregunta 4). El infierno es real, de acuerdo a Apocalipsis 20:10,15 (preguntas 5 y 6). Algunos versículos que puedes usar con la pregunta 7 son Juan 1:12; 3:3, 16 y Apocalipsis 3:20. Prueba 2 Timoteo 3:16 y Hebreos 4:12 para la pregunta 8. El cielo (pregunta 9) se discute en muchos pasajes, incluyendo Mateo 4:17; 5:12; 6:1,20; 2 Corintios 5:1 y Filipenses 3:20, escoge tus favoritos. Solo el cristianismo señala el camino hacia la vida eterna (pregunta 10), lee Juan 14:6 y Hechos 4:12. Ejemplos de versículos que pueden ser usados para la pregunta 13 son Mateo 26:63-64 y Romanos 1:4. En la Gran Comisión (Mateo 29:19-20), se nos ordena compartir nuestra fe (pregunta 14).

EL CUESTIONARIO DE LA PASCUA

1. ¿En la noche de qué fiesta judía, Jesús encontró a sus discípulos para celebrar la última cena? (Circula una)
Yom Kippur / Hanukkah / Pascua / Bar Mitzvah / Jubileo

2. ¿Por cuánto dinero Judas accedió a traicionar a Jesús? (Marca una)
___ 40 piezas de plata
___ 30 piezas de plata
___ 20 piezas de plata
___ 50 piezas de plata

3. ¿Qué hizo Judas con el dinero? (Circula una)
___ Lo aventó al piso del templo
___ Invirtió en bienes raíces
___ Se lo dio a los pobres
___ Se compró una cuerda
___ Lo regresó

4. Jesús fue arrestado por los soldados romanos.
___ Sí ___ No

5. ¿Quién le pegó a Jesús? (Circula uno)
Soldado romano / Guardias judíos / La gente / Los guardias romanos y judíos

6. ¿Quién le aconsejó a Pilatos que no condenara a Jesús? (Circula una)
Sus astrólogos / Sus generales / Su esposa / Sus guardias / Sus amigos

7. Los soldados romanos se inclinaron frente a Jesús adorándole como rey.
___ Sí ___ No

8. ¿Pilatos ofreció liberar a Jesús o a qué criminal?
Barnabas / Baal / Barrabás / Belsazar

9. ¿Después de que el debilitado Jesús no podía cargar su cruz, a quién se le forzó a cargarla hasta el lugar de la crucifixión? (Circula uno)
Simón / Caifás / Nicodemo / Lázaro

10. Jesús fue crucificado en el Gólgota (arameo) o en el Calvario (latín). ¿Qué significa esta palabra? (Circula una)
El cementerio
El lugar de la muerte
El lugar de la calavera
El campo de la muerte

11. Tan pronto como murió Jesús, por toda Jerusalén se comenzó a ver gente resucitada.
___Sí ___ No

12. ¿Qué se hacía para acelerar la muerte durante la crucifixión? (Circula una)
Traspasar con una lanza / Darles vino adulterado / Romper las piernas / Estrangulación

13. ¿A quién pertenecía la tumba en donde fue puesto Jesús? (Marca una)
___ Nicodemo de Jerusalén
___ Lázaro de Betania
___ Simón de Cirene
___ José de Arimatea

14. Después de que la tumba fue encontrada vacía, ¿qué excusa dieron los soldados que la protegían? (Marca una)
___ Tenían miedo y corrieron mientras cuidaban la tumba
___ Los discípulos llegaron a robar el cuerpo
___ Se emborracharon y no podían recordar lo que había sucedido
___ Nada, no fueron encontrados

15. ¿Con quién confundió María al Señor ya resucitado? (Circula una)
Un ángel / Un jardinero
Un discípulo / Un doliente

16. ¿Cuántas personas vieron a Jesús al mismo tiempo después que resucitó? (Circula una)
25 / 50 / 200 / 300 / 500 / 1000

CÓMO USAR
El cuestionario de la Pascua

Muchos jóvenes (y adultos también) se sienten confiados de que saben los eventos que rodeaban la crucifixión y la resurrección de Cristo. Este cuestionario podrá sorprenderlos mostrando que quizá no estén tan familiarizados con los detalles como pensaban.

Actividades sugeridas para el salón

Utiliza este cuestionario como una guía hacia los eventos de la época de Pascua. También puede ser usado como una actividad de concurso o competencia (hombres contra mujeres, adolescentes contra jóvenes adultos, o jóvenes contra padres).

Escribe los eventos más importantes del arresto, el juicio, la crucifixión y la resurrección de Jesús en tarjetas; una tarjeta por evento. Reta a tus jóvenes a colocarlas en orden cronológico sin ver la Biblia. Confecciona varias series de tarjetas para que puedan competir en pequeños grupos. ¡Aun los expertos han tenido problemas con esto!

Pensando en las preguntas

Pregunta 1: La Pascua (Mateo 26:18).
Pregunta 2: Treinta piezas de plata (Mateo 26:15).
Pregunta 3: Judas intentó regresar el dinero de sangre a los sacerdotes; pero cuando se rehusaron, él lo aventó al piso del templo (Mateo 27:5).
Pregunta 4: No. Jesús fue arrestado por un grupo armado enviado por los principales sacerdotes (ver Mateo 26:47). Los soldados estaban presentes (Juan 18:3) tal vez como observadores. No parece que ellos lo hubieran arrestado.
Pregunta 5: Jesús fue golpeado tanto por los soldados romanos como por los judíos (Marcos 14:63-65; 15:16-20).
Pregunta 6: La esposa de Pilatos le aconsejó que no se metiera con Jesús por causa de un sueño que tuvo (Mateo 27:19).
Pregunta 7: Sí. Le rindieron homenaje burlándose (Marcos 15:17-20).
Pregunta 8: Barrabás fue el nombre del prisionero (Marcos 15:7).
Pregunta 9: Simón, un extranjero de Cirene, fue obligado a cargar la cruz (Marcos 15:21).
Pregunta 10: El lugar de la muerte se le llamaba «Lugar de la Calavera» (Marcos 15:22).
Pregunta 11: Verdadero. Este extraño evento se encuentra en Mateo 27:52-53.
Pregunta 12: Romper las piernas era el método generalmente usado para apresurar la muerte (Juan 19:31-33).
Pregunta 13: Jesús fue enterrado en la tumba que le pertenecía a José de Arimatea (Lucas 23:50).
Pregunta 14: Se les dio dinero a los guardias para decir que los discípulos habían robado el cuerpo mientras que ellos dormían (Mateo 28:11-15).
Pregunta 15: María pensó que Jesús era un jardinero (Juan 20:15-16).
Pregunta 16: Más de 500 personas vieron a Cristo resucitado al mismo tiempo (1 Corintios 15:6).

EL CUESTIONARIO DEL COEFICIENTE INTELECTUAL DE NAVIDAD

1. Desde que se celebra la Navidad, siempre ha sido el 25 de Diciembre.
___ Sí ___ No

2. ¿De dónde venía José? (Circula una)
Belén Jerusalén Caná Egipto Minesota Ninguna

3. ¿Cómo viajaron a Belén María y José? (Circula una)
___ Camello
___ Burro
___ Caminaron
___ Volkswagen
___ José caminó y María fue sentada sobre un burro
___ ¿Quién sabe?

4. María y José se casaron cuando María se embarazó.
___ Sí ___ No

5. María y José se casaron cuando Jesús nació.
___ Sí ___ No

6. María era virgen cuando dio a luz a Jesús.
___ Sí ___ No

7. ¿Qué es un pesebre? (Marca uno)
___ Establo para animales domésticos
___ Bote de madera para almacenar paja
___ Abrevadero
___ Granero

8. ¿Qué animales dice la Biblia que estuvieron presentes cuando Jesús nació? (Marca uno)
___ Vacas, ovejas, cabras
___ Vacas, burros, ovejas
___ Ovejas y cabras solamente
___ Leones, tigres y osos
___ Ninguno

9. ¿Quién vio la estrella al oriente? (Marca una)
___ Los pastores
___ María y José
___ Tres reyes
___ Los pastores y los reyes
___ Ninguno

10. ¿Qué señal dijeron los ángeles a los pastores que buscaran? (Marca una)
___ Por aquí hacia el bebé Jesús
___ Una casa con un árbol de Navidad
___ Una estrella sobre Belén
___ Un bebé en un pesebre
___ Un bebé que no llora
___ Ninguno

11. ¿Dónde estaba nevando la primera Navidad? (Marca una)
___ Solo en Belén
___ Por todo Israel
___ María y José solo soñaban con una blanca Navidad
___ En algún lugar en Israel
___ En ningún lado en Israel

12. ¿Qué es incienso? (Marca una)
___ Un metal precioso
___ Una tela preciosa
___ Un perfume precioso
___ Una historia oriental de monstruos

13. ¿Dónde encontraron los hombres sabios a Jesús? (Marca una)
___ En un pesebre
___ En un establo
___ En una casa
___ En el Holiday Inn

14. ¿Por qué los hombres sabios se detuvieron en Jerusalén? (Marca una)
___ Para informarle a Herodes sobre Jesús
___ Para preguntar sobre la estrella que vieron
___ Por gasolina
___ Para comprar regalos para Jesús

15. ¿En dónde encontramos la historia de Navidad para verificar todas estas preguntas tan ridículas? (Marca una)
___ (A) Mateo
___ (B) Marcos
___ (C) Lucas
___ (D) Juan
___ Todas las de arriba
__ Solo A y B
__ Solo A y C
__ Solo A, B y C
__ Solo X, Y y Z

16. ¿Qué tanto te gustó este cuestionario? (Circula uno)
Súper / Grandios / Fantástico / Todas las anteriores

CÓMO USAR

El cuestionario del coeficiente intelectual de Navidad

Muchos jóvenes (y adultos también) piensan que saben mucho sobre Navidad. Este cuestionario puede ser revelador, informativo y penoso.

Actividades sugeridas para el salón

Utiliza este cuestionario para dirigir los eventos de la época de Navidad. Puede ser usado para abrir un estudio bíblico o como un concurso o competencia (hombres contra mujeres, adolescentes contra jóvenes adultos, o jóvenes contra padres).

Escribe en tarjetas los eventos principales que incluyan todo sobre el nacimiento de Cristo. Reta a tus estudiantes a ponerlos en orden cronológico sin ver la Biblia. Confecciona varias series de tarjetas para que puedan competir en pequeños grupos después de haber llenado el cuestionario.

Pensando las preguntas

Pregunta 1: No. Fue hasta el siglo cuarto que se estableció el 25 de diciembre. Otras fechas eran aceptadas antes.
Pregunta 2: Belén (Lucas 2:3-4).
Pregunta 3: ¿Quién sabe? (la Biblia no lo dice).
Pregunta 4: No (Mateo 1:18).
Pregunta 5: No (Lucas 2:5).
Pregunta 6: Sí (Mateo 1:25).
Pregunta 7: Abrevadero.
Pregunta 8: Ninguno (la Biblia no lo especifica).
Pregunta 9: Ninguno (ni los hombres sabios ni los reyes la vieron) (Mateo 2:1-2).
Pregunta 10: Un bebé en un pesebre (Lucas 2:12).
Pregunta 11: En algún lugar en Israel (el monte Hebrón está cubierto de nieve).
Pregunta 12: Perfume.
Pregunta 13: En una casa (Mateo 2:11).
Pregunta 14: Para averiguar dónde estaba Jesús (Mateo 2:1-2).
Pregunta 15: Solo A y C.
Pregunta 16: Todas las anteriores (¡por supuesto!).

ENCUESTA PARA PREPARATORIANOS

¡CON LETRA DE MOLDE POR FAVOR!

Nombre ______________ Edad ______

Hombre ___ Mujer ___

Dirección ______________________________

Ciudad ___________________________

Apartado Postal ______

Teléfono ________________

Fecha de nacimiento __________

1. ¿Piensas ir a la universidad próximamente?

___ Sí ___ No

Si la respuesta es «Sí», ¿a cuál?

2. ¿Tienes pensado algún tipo de carrera en este momento?

___ Sí ___ No

Si la respuesta es «Sí», ¿cuál es? Si no estás planeando ir a la universidad, por favor pasa a la pregunta 7.

3. ¿Es cristiana la universidad donde piensas estudiar?

___ Sí ___ No

4. ¿Estás familiarizado con las organizaciones cristianas que pudieran estar activas en tu universidad?

___ Sí ___ No ___ No, pero me gustaría averiguar

5. ¿Dónde piensas vivir? (Marca una)

___ En un dormitorio de la universidad
___ Con familiares
___ En otro lado que no es la universidad
___ En casa

6. ¿Te mudarás para asistir a la escuela?

___ Sí ___ No

7. ¿Tienes ya algún trabajo para cuando te gradúes?

___ Sí ___ No

Si la respuesta es «Sí», ¿cuál es?

8. ¿Cómo te sientes respecto a graduarte de preparatoria? (Marca todas las que apliquen)

___ Emocionado ___ Ansioso
___ Temeroso ___ Presionado
___ Triste ___ Deprimido
___ Aliviado ___ Anestesiado
___ Más o menos

9. ¿Qué dirías que es lo que más significativamente has aprendido o experimentado como parte de nuestro grupo de preparatorianos?

10. ¿Quién tuvo una influencia positiva en tu vida durante los años de preparatoria?

11. Si pudieras volver a vivir tus años de preparatoria de nuevo, ¿qué harías diferente?

12. ¿Qué sientes que no has sido entrenado para hacer de la siguiente lista? (Marca todas las que apliquen)

___ Balancear una chequera
___ Calcular impuestos
___ Lavar la ropa
___ Cocinar
___ Limpiar
___ Escribir reportes
___ Resolver problemas matemáticos
___ Utilizar correctamente la gramática
___ Ortografía
___ Escribir currículums
___ Otro

CÓMO USAR
Encuesta para preparatorianos

Este cuestionario es un instrumento ideal para usarlo con los estudiantes de preparatoria. ¿Quién se mudará? ¿A dónde irán? ¿Quién se queda?

Actividades sugeridas para el salón

«Encuesta para preparatorianos» puede darte una idea de cómo la iglesia puede ayudar a preparar o informar a estos jóvenes.

Por ejemplo, si tus estudiantes no sienten que la preparatoria los ha instruido para hacer cosas sencillas como balancear una chequera o calcular impuestos elementales, quizás sea conveniente tener a alguien con las aptitudes apropiadas para conducir una sesión de entrenamiento solo para los preparatorianos.

Si tus estudiantes necesitan información sobre universidades cristianas, provéeselas.

Pensando en las preguntas

La mayoría de las preguntas se centran primordialmente alrededor de los planes de los estudiantes. Las respuestas te dirán quién se quedará para servir como líder y quién regresará con nuevas aptitudes.

Otras preguntas, en particular desde la pregunta 8 en adelante, tratan con las opiniones y experiencias de los estudiantes durante los años en el grupo de jóvenes. Utiliza esta información para asegurar tus planes futuros.

CUESTIONARIO DE DIBUJOS ANIMADOS

1. ¿Cuáles son los nombres de los sobrinos del Pato Donald?
1.
2.
3.

2. ¿Cuál es el nombre del zorrillo enamorado de Warner Brothers?

3. ¿Cómo se llama la esposa de Roger Rabbit?

4. Menciona los nombres de los siete enanos en la película *«Blancanieves y los siete enanos»*, de Disney.

1. 5.
2. 6.
3. 7.
4.

5. Nombra a un fantasma amistoso.

6. ¿Cuál es el nombre del personaje hambriento que siempre trata de atrapar al correcaminos?

7. ¿Cuál es el nombre de la hija de Pedro Picapiedra?

8. ¿Cuál es el nombre del cotorro sabelotodo en la película *«Aladino y la lámpara maravillosa»* de Disney?

9. ¿Qué le dio la Bestia a Bella para que lo recordara?

10. ¿Cuál fue el primer personaje de dibujos animados que fue hecho con sonido?

11. ¿Cuál es el nombre que se le da a todos los productos y empresas en los dibujos animados de Warner Brothers`?

12. ¿Quién es el fotógrafo que trabaja para el diario *«El Planeta»* junto con Lois Lane y Clark Kent?

13. ¿Qué dibujo animado popular fue creado por Charles Schultz?

14. En la película *«Cenicienta»*, de Walt Disney, sale un gato malo, ¿qué nombre tiene?

15. ¿Quién es el amigo de Yoghi el oso?

16. ¿Cuáles son las famosas últimas palabras con las que se despide Porky Pig?

CÓMO USAR

Cuestionario de dibujos animados

Este cuestionario es un gran rompehielos. La mayoría de los adolescentes tienen una larga y variada historia de ver los dibujos animados o caricaturas y leer las páginas de tiras cómicas, así que un cuestionario sobre este tema les brinda a los jóvenes la oportunidad de dragar sus memorias para obtener las respuestas.

Actividades sugeridas para el salón

Aplícalo como una prueba con papel y lápiz o simplemente lee las preguntas y otorga un pequeño premio (como una tira cómica o videos de dibujos animados) a la primera persona que se levante dando la respuesta correcta para cada pregunta.

Este cuestionario puede ser usado durante una noche de videos donde se muestren los dibujos animados, o durante una noche de juegos basados o sugeridos por personajes de dibujos animados (por ejemplo, una carrera entre el Coyote y el Correcaminos).

Pensando en las preguntas

Pregunta 1: Hugo, Paco y Luis
Pregunta 2: Pepe Le Pew
Pregunta 3: Jessica Rabbit
Pregunta 4: Doc, Gruñón, Dormilón, Tontín, Feliz, Estornudón y Tímido
Pregunta 5: Casper
Pregunta 6: Coyote
Pregunta 7: Pebbels
Pregunta 8: Yago
Pregunta 9: Un espejo
Pregunta 10: Ratón Miguelito (Mickey Mouse)
Pregunta 11: ACME
Pregunta 12: Jimmy Olson
Pregunta 13: Peanuts (Snoopy)
Pregunta 14: Lucifer
Pregunta 15: Boo-Boo
Pregunta 16: ¡Eeee eee eeso es todo amigos!

¿CUAL ES TU COEFICIENTE INTELECTUAL?

1. Te encuentras en una casa rectangular donde todas las ventanas dan hacia el sur. Al asomarte por la ventana, ves pasar a un oso. ¿De qué color es el oso?

2. Un accidente de avión ocurrió en la frontera entre Estados Unidos y Canadá. ¿En qué país enterraron a los sobrevivientes?

3. ¿Tiene Inglaterra un 4 de Julio?

4. Si tuvieras un cerillo y entraras a una habitación donde hay una lámpara de queroseno, un calentón de aceite y una estufa de leña, ¿cuál encenderías primero?

5. Si te fueras a la cama a las 8:00 a.m. y pusieras la alarma para levantarte a las 9:00 en punto de la mañana, ¿cuántas horas dormirías?

6. Algunos meses tienen treinta días y otros treinta y un días. ¿Cuántos tienen veintiocho días?

7. ¿Qué tan lejos puede correr un perro hacia el bosque?

8. ¿Cuál es el número mínimo de jugadores de béisbol en el campo durante cualquier inning de un juego normal?

¿Cuántos outs por inning?

9. Un granjero compró diecisiete ovejas; todas menos nueve murieron. ¿Cuántas le quedan?

10. Divide treinta por un medio y súmale diez. ¿Cuál es la respuesta?

11. Toma dos manzanas de tres manzanas y ¿qué te queda?

12. Un arqueólogo declaró haber encontrado algunas monedas de oro que datan del 46 a.C. ¿Cómo sabes que su declaración no es verdadera?

13. Una mujer le da a un indigente cincuenta centavos. La mujer es la hermana del indigente, pero el indigente no es el hermano de la mujer. ¿Por qué no?

14. ¿Cuántos animales de cada especie se llevó Moisés en la barca?

15. ¿A dónde iba Pablo camino a Damasco?

16. Un borracho choca su carro con otro vehículo que tenía un chofer y un pasajero. El borracho y el chofer no se lastimaron, pero el pasajero fue sacado del carro muerto. Al borracho no se le acusó de homicidio involuntario. ¿Por qué?

17. ¿Qué palabra de este examen está malescrita?

CÓMO USAR

¿Cuál es tu coeficiente intelectual?

Este es uno de esos cuestionarios simples que pueden ser usados durante una fiesta, o como un rompehielos para abrir un evento o un concurso.

Actividades sugeridas para el salón

Establece un tiempo límite para contestar el cuestionario, para que así los jóvenes se vean forzados a hacerlo rápido. (Tres minutos es tiempo suficiente.) Los jóvenes tendrán sus cuestionarios boca abajo hasta que les sea dada la señal para comenzar. Lee las respuestas al final del período de tiempo y espera escuchar gruñidos.

Pensando las preguntas:

Pregunta 1: Blanco (estás en el Polo Norte).
Pregunta 2: No entierras a sobrevivientes.
Pregunta 3: Sí.
Pregunta 4: El cerillo.
Pregunta 5: Una hora.
Pregunta 6: Doce.
Pregunta 7: A la mitad (después de eso está corriendo fuera del bosque).
Pregunta 8: Diez (nueve en el juego y un bateador); seis outs por inning.
Pregunta 9: Nueve.
Pregunta 10: Setenta (treinta dividido a la mitad es 15, pero dividido por un medio es 60).
Pregunta 11: Dos.
Pregunta 12: El sistema a.C. (antes de Cristo) no existía sino hasta después de que naciera Cristo.
Pregunta13: Eran hermanas.
Pregunta 14: Ninguno (Noé fue quien se llevó a los animales, no Moisés).
Pregunta 15: Damasco.
Pregunta 16: El pasajero ya estaba muerto antes del accidente (el otro carro del accidente era una carro fúnebre).
Pregunta 17: Malescrita (no se escribe malescrita sino mal escrita).

UN PASEO POR EL BOSQUE

Por favor, contesta las siguientes preguntas con el primer pensamiento que llegue a tu mente. No pases mucho tiempo tratando de pensar en la respuesta o razonar las preguntas. Lo que tienes que escribir es la imagen inicial que llegue a tu mente.

1. Imagínate que estás por entrar a un enorme bosque. Describe el bosque y qué sientes al entrar.

2. Hay un camino en el bosque. ¿Lo sigues o haces el tuyo?

3. Escuchas un sonido en los arbustos. ¿Quién o qué hay ahí?

4. Encuentras una llave en el bosque. Describe la llave y di qué haces con ella.

5. Encuentras una taza en el bosque. Describe la taza y di lo que haces con ella.

6. Llegas a un lugar en el que hay agua. Descríbelo y qué haces con ella.

7. Te encuentras con un oso. Describe al oso y di qué haces con él.

8. Llegas a una pared. Describe la pared y di qué haces con ella.

CÓMO USAR

Un paseo por el bosque

Puedes decirles a los jóvenes que este es un cuestionario para probar sus subconscientes, pero en realidad es un cuestionario absurdo, sin sentido.

Actividades sugeridas para el salón

Un paseo por el bosque se usa mejor con un grupo pequeño y en un evento como una fiesta en una casa.

Puedes hacer que todo el grupo llene este cuestionario o pedirle a tres o cuatro voluntarios que lo hagan y después leer sus resultados. Es importante que nadie hable de lo que han escrito hasta que todos hayan completado la prueba.

Otra alternativa sería que los jóvenes contesten verbalmente cada pregunta. En este caso, los otros voluntarios deben esperar su turno sin escuchar a los demás.

Pensando en las preguntas

Existe un simbolismo para cada pregunta

Pregunta 1: El bosque. Esto describe tu punto de vista sobre la vida. Un bosque oscuro y misterioso significa que la vida es un profundo misterio para ti. Un bosque horripilante y que da miedo significa que tienes miedo a la vida. Si el bosque es alegre y lleno de luz, tu punto de vista es positivo. Si el bosque se está quemando, significa que estás loco.

Pregunta 2: El camino. Si sigues el camino existente, tiendes a seguir las reglas. El hacer tu propio camino significa que eres independiente o demasiado bueno para seguir las directrices.

Pregunta 3: El ruido. El ruido en los arbustos significa lo desconocido. Para algunos será un misterio, para otros habrán respuestas satisfactorias.

Pregunta 4: La llave. Esto simboliza la educación. Algunos se quedarán con la llave, otros la tirarán o la ignorarán. Otros describirán una hermosa llave, una llave funcional o una oxidada.

Pregunta 5: La taza. Esto simboliza la religión. Algunos encontrarán un cáliz, otros una taza de poliuretano.

Pregunta 6: El agua. El lugar donde se encuentra el agua habla de romance. Algunos encontrarán un gran lago y querrán quitarse la ropa y meterse a nadar, otros encontrarán un pantano y querrán evadir cruzarlo.

Pregunta 7: El oso. Aquí se representan los problemas. Algunos verán un oso feroz y correrán de sus problemas. Otros lo verán como un osito manso y lo acariciarán.

Pregunta 8: La pared. La muerte se simboliza con la pared. Algunos le darán la espalda a la pared. Otros tratarán de escalarla. Algunos la verán como una reja de alambre, otros como una cerca o como una pila de rocas que se está derrumbando. Algunos le temen a la muerte o quieren evadirla, otros se acercan con seguridad.

LA PRUEBA DE CONFORMIDAD

Instrucciones: Por favor, contesta cada pregunta en secuencia. Lee todo el cuestionario antes de comenzar la primera pregunta.

1. Imprime tu nombre arriba en la esquina derecha del cuestionario.

2. Encuentra la palabra que no está escrita correctamente en esta oración y circúlala.

3. Dibuja un triángulo en la esquina izquierda de abajo de este papel.

4. Uganda se encuentra ¿en qué continente? (Circula uno)
Asia África Norte América Europa Australia

5. Con tu pluma o lápiz rellena todas las «o» que se encuentran en esta pregunta y las de la pregunta anterior.

6. Levanta tu mano y no la bajes hasta que se te haya reconocido.

7. Dibuja un círculo en medio del triángulo que dibujaste.

8. En letra cursiva pon tu nombre arriba en la esquina izquierda de este papel.

9. ¿Cuál es la suma de 4+8+3+9?
Escribe la respuesta aquí: __________

10. Rompe la esquina derecha inferior de este papel.

11. Encuentra todas las palabras en esta pregunta y en la anterior que tengan la letra «p» y pon un cuadrito alrededor de ellas. Después cuenta cuántas encontraste y pon el total aquí: ________

12. Escribe tu edad abajo en medio de este papel.

13. Levántate y di: «He llegado hasta este punto».

14. Dibuja tu mano en la parte de atrás de este papel.

15. Pon una línea en medio del título de esta prueba.

16. Cacarea fuerte como un gallo para que todos te oigan.

17. Subraya cualquier palabra en esta pregunta o en la pregunta anterior que comience con la misma letra de tu nombre.

18. Aguanta la respiración contando hasta cuarenta.

19. Cuenta cuántas letras hay en esta pregunta y pon el número aquí: __________

20. Ignora todas las preguntas de este cuestionario a excepción de la primera. Solo imprime tu nombre y espera en silencio hasta que se termine el tiempo.

CÓMO USAR
La prueba de conformidad

Este es un cuestionario muy chistoso pero con una sorpresa: lee la última pregunta del cuestionario y ve cuál es. El propósito de este cuestionario es enseñar la importancia de seguir las instrucciones.

Actividades sugeridas para el salón

Puedes aumentar la anticipación en la probabilidad de que los jóvenes se apresurarán a contestar el cuestionario, prometiendo un premio a aquellos que terminen de llenarlo de forma apropiada dentro de un período de tiempo.

Cuando los jóvenes hayan terminado (y se den cuenta que lo hicieron mal), puedes hablar sobre la importancia de seguir las instrucciones cuidadosamente, en especial las instrucciones para la vida que encontramos en la Biblia.

Pensando en las preguntas

La forma correcta de hacer este cuestionario es leer y obedecer las instrucciones antes de comenzar. Los que lo hagan, se darán cuenta que todo lo que los estudiantes deben hacer es escribir sus nombres en el papel y esperar hasta que se acabe el tiempo

¡Ayúdenme!¡Soy Líder de adolescentes de 12 a 15!

(Por Mark Oestreicher)

Este libro es obligatorio para líderes de adolescentes entre 12 y 15 años. En el encontrarás frases de adolescentes reales y también de expertos en el trabajo con la adolescencia temprana. Contiene "terroríficas" historias del autor solo para recordarte que no eres el único quien, en un momento miserable de tu ministerio con preadolescentes, ha querido desaparecer de escena. Un libro práctico y pertinente para quienes trabajan con esta desafiante y clave edad. Tu ministerio crecerá en todo sentido como resultado de usar las ideas que contiene este libro.

www.ingramcontent.com/pod-product-compliance
Ingram Content Group UK Ltd.
Pitfield, Milton Keynes, MK11 3LW, UK
UKHW032200120325
456135UK00008B/244